Karl Weinhold

**Die deutschen Monatnamen**

Karl Weinhold
**Die deutschen Monatnamen**
ISBN/EAN: 9783744649667

Hergestellt in Europa, USA, Kanada, Australien, Japan

Cover: Foto ©Thomas Meinert / pixelio.de

Weitere Bücher finden Sie auf **www.hansebooks.com**

# DIE
# DEUTSCHEN MONATNAMEN

VON

## D<sup>R</sup>. KARL WEINHOLD
ORD. PROFESSOR AN DER UNIVERSITAET ZU KIEL.

HALLE,
VERLAG DER BUCHHANDLUNG DES WAISENHAUSES.

1869.

Der

germanistischen Abtheilung

der

XXVII. Versammlung

deutscher Philologen und Schulmänner

zur Begrüssung in Kiel

am 27. September 1869.

# I. Geschichte der deutschen Monatnamen.

Es ist allgemein angenommen, dass die indogermanischen Völker erst nach ihrer Theilung die Mondabschnitte des Sonnenjahres mit festen Eigennamen belegt haben. Den Beweis gibt die Verschiedenheit der Monatnamen in den Sprachen arischen Stammes; ausserdem können wir ihre Bildung geschichtlich begleiten. Bei den Indern erscheinen sie theils als Sprösslinge der sechs Jahrzeitnamen, theils als Eigenschaftsworte mannigfachen Sinnes.[1] Bei den Griechen gehn sie nach der homerischen Zeit aus dem religiösen Leben hervor. Die lateinischen Namen beruhen fast zur Hälfte auf der Zahl, im übrigen meist auf Eigenschaften der Monate.[2] Die Germanen und Slaven wurden erst nach der Bekantschaft mit dem römischen Kalender zur Bildung fester Monatnamen veranlasst; es geschah, nachdem ihre nähere Verbindung bereits aufgehoben war,[3] wie die Verschiedenheit jener Benennungen bezeugt. Für unser Volk im besondern liegen die Beweise für eine späte Entstehung der Monatnamen in der Abweichung der nord- und südgermanischen, überhaupt in ihrer Mannigfaltigkeit; ferner in dem schwanken zwischen allgemeineren Zeitangaben und besonderen Monatworten; in der leichten Verdrängung endlich der deutschen durch die römischen Namen,

---

1) A. Weber die vedischen Nachrichten von den naxatra Berlin 1862. S. 327. 349. ff.

2) K. Fr. Hermann über griechische Monatkunde. S. 16. ff. Th. Mommsen römische Chronologie. S. 221. (2. Aufl.)

3) Für die Slaven ist zu verweisen auf Franz v. Miklosich die slavischen Monatnamen. Wien 1867. (XVII. Band der Denkschriften d. K. Akad. d. Wissensch. Phil. hist. Kl.). Für die Kunde der germanischen Monatnamen hat Jac. Grimm im VI. Cap. der Gesch. d. deutschen Sprache einen festen und breiten Grund gelegt. Meine Arbeit sucht den Stoff zu vervollständigen und nach einigen Gesichtspunkten zu sichten.

welche nur möglich war, weil jene nicht fest im Gedächtniss des Volkes hafteten und von Aneignung fremder Sitte herrührten. Heute noch sind die Zeitangaben nach den Jahreszeiten, nach Sat und Ernte und andern Wirthschaftsvorgängen, nach merkwürdigen Naturereignissen im Landvolke vieler Gegenden bräuchlicher als nach Tag und Monat. In unsern Quellen überwigt die allgemeine Angabe *in der erne* dem Monatnamen ernemânot; *im brâchet*, *im höuwet* behauptet sich neben brâch- und höumonat; *im wimmot* dauert, als windumemânot längst abgestorben war. Aus den Formeln *in der ſât*, *in dem ſnite* gehn mühsam ein ſâtmân und ſchnitmonat hervor. Wir finden herbst und winter als Monatnamen, und gleich dem umgedeutschten augst dreifach gespalten; wir können beobachten, wie laubbrost und laubrîse nur unsicher zu Monatnamen sich verengen. Sodann findet sich hin- und herschwanken der Namen zwischen mehreren Monaten: ackermonat schwankt zwischen März und April, hartmonat zwischen November bis Januar, lasemânt bezeichnet December und Jänner, hornung Jänner und Februar, hundemân findet sich für Juni bis August, rosenmânt für Juni Juli, ſâtmânt für September October, flachtmân für October bis December, ſommermonat für Juni Juli, die mit vol (ful) zusammengesetzten Namen treffen auf September und November bis Februar, wolfmonat begegnet für November bis Jänner.[1]

Aus diesem allem erhellt dass die Deutschen bis an die Gegenwart heran trotz der uralten Benutzung des Mondes zum Zeitmesser ihre Zeitangaben in grösseren Umrissen als nach dem Mondwechsel zu machen liebten, und die Ereignisse nach Wetter und Wirthschaft, nach Thieren und Gewächsen merkten, unbekümmert um Genauigkeit in Tag und Woche. Lehrreich ist dafür auch die Weise, wie die Nordfriesen auf Amrum und Föhr das Jahr theilen:[2] sie merken die Vorgänge nach der Zeit um

---

1) Einige Namen bezeichnen verschiedene, nicht benachbarte Monate: fries. feskmûn April, dän. fiskemaaned September; ags. hâlegmônað September, fränk. heilagmânoth December; isländ. ſáðtíð nach der Frühlingsat den März, deutsch ſæmôn, ſâtmûn September und October als Herbstsatzeit; niederl. felle fille den Februar, ditmars. filmaand den September.

2) Mittheilung des Herrn Gymnasiallehrer Chr. Johannsen in Schleswig.

julham (zu Weihnachten), um wosham (im Vorfrühling), pluchleth (Pflugzeit), meedarleth (Heumaht) und kaarskörd (Kornschnitt). In den altnorwegisch-isländischen Monatnamen sådtid, eggtid, stecktid, heyannir bricht ganz dieselbe allgemeine Grundlage hervor. Und ebenso ist es noch heute in Norwegen, wo nur Iolemoane, Torre, Gjö, Krikla oder Kvine feste Monatnamen geworden sind, ausserdem aber allgemeinere Zeitangaben gelten, nämlich Fiskja, Voarvinna oder Voaronn, Plogen oder Plogvinna, Haavollen, Mellonn, Leggsumar, Hoyvinna oder Slatten, Haustvinna oder Skurden, und Skamtid.[1] Und ganz dieselben weitgegriffenen Zeitbestimmungen brauchten auch die andern Indogermanen vor der Einführung der eigentlichen Monatnamen, die bei ihnen mit Annahme des Sonnenjahrs zusammenfiel.

Wann der eudoxische Kalender von den Deutschen angenommen ward, wissen wir nicht. Daraus aber, dass die Tagnamen der siebentägigen römisch-ägyptischen Woche in heidnischdeutschem Sinne übersezt wurden, erhellt, dass es noch vor Einführung des Kristenthums geschah.[2] Und daraus, dass die Monatnamen nicht ebenso übertragen wurden, sondern dass man hier einen selbständigen Weg betrat, möchte ich auf eine ältere Aneignung der zwölf Monate als der siebentägigen Woche schliessen.[3]

Die älteste Urkunde deutscher Monatnamen liegt freilich erst in dem Reste eines gotischen Kalenders: darin steht der Doppelname Naubaimbair, fruma jiuleis. Die römischen Namen waren also bei den Ostgoten mindestens neben den heimischen in Brauch.

Die nächstältesten Monatnamen erhalten wir aus England. In König Vihtraeds Gesetzen (696) begegnet rugern, wahrscheinlich für August; aus dem 8. Jahrhundert stellt uns Beda im 13. Kapitel seiner Schrift de temporum ratione die sächsischen Namen auf:

---

1) Gütige Mittheilung des Herrn Ivar Aasen in Kristiania.
2) Meine Schrift über die deutsche Jahrtheilung. Kiel 1862. S. 10.
3) Spuren des vorcäsarischen Kalenders bei den Germanen: deutsche Jahrtheil. S. 11.

1. giuli    2. solmônađ    3. hrêdmônađ    4. eósturmônađ
5. þrimilci    6. ærra lîda    7. äftera lîda    8. veódmônađ
9. hâlegmônađ    10. vinterfylled    11. blôtmônađ    12. giuli.

Aus den nächsten Jahrhunderten können wir folgende angelsächsische Namen hinzufügen: für 3. hlýdmônađ, hlýda; für 6. feármônađ, midfumor; für 7. mædmônađ; für 9. hearfestmônađ; 12. wird genauer als ærra jula bezeichnet.[1]

Alle diese Namen sind sächsisch mit Ausname von giuli, das ich trotz allen damit gemachten germanistischen Versuchen für nichts weiter als den römischen Julius halte. Formell führt der got. jiuleis (= juljas) und selbst das angels. giuli darauf, und für das sachliche gibt das kyprische 'Ιούλιος (22. Dec. — Jan.) einen Beleg, dass auch sonst jener Name von dem Mitsommer auf den Mitwinter übertragen worden ist.[2]

Die sächsischen Monatnamen sind aus dem Wetter, aus dem Hirtenleben, aus dem religiösen entlehnt. Eine Zeitbestimmung gibt vinterfylled, und wahrscheinlich auch eósturmônađ, den ich einfach als Frühlingsmonat deute, ungeachtet Bedas den Eostre, an die ich nicht glaube, so lange nicht bewiesen ist, dass das kirchliche Hauptfest nach einer heidnischen Göttin genannt werden konnte. Zweifel hege ich auch gegen seine dea Hreda, welche den März getauft haben soll. Dass Beda kein besondrer Wortdeuter war, beweist auch seine Auslegung von folmônađ als Opferkuchenmond, und seine Bemerkung zu Giuli. — Die sächsischen Namen hatten an den römischen gefährliche Nebenbuler. In dem Menologium stehn bereits Januarius,

---

1) Die Nachweise gibt unser Glossar.
2) J. Grimm (G. d. Spr. 106) hat sich der Zusammenlegung des römischen Julius und des germ. juli nicht entziehen können und hat dieses „übergleiten der Namen von einer Sonnenwende zur andern" hervorgehoben, dennoch aber die Herleitung dieser got. sächs. nord. Namen „die noch heidnischen Beigeschmack haben" aus dem durch die Kirche zugebrachten römischen Kalender abgewiesen. Indessen ist die Einführung des röm. Kalenders durch die Kirche nicht nur nicht bewiesen, sondern überhaupt unbeweisbar. Wie hätte die Kirche einen Donares-Wôtanes-Ziwestac einführen können? Sie fand diese heidnischen Namen schon so festgewurzelt, dass sie dieselben für schwerer zu fällen erachtete, als die Donareichen und Irminsäulen.

Maius, Julius unbegleitet von giuli, primilki, äftera lida. Der Schreiber des Stabloer Kalenders (X. Jahrh.)[1] wuste die sächsischen Monatnamen vom October bis Jänner nicht mehr, und in den spätangelsächsischen Schriften treffen wir gar keine heimischen Namen ausser dem angeeigneten geol, gole, yule, das für Weihnachtabend, Kristfest, überhaupt für eine heilige Zeit gilt und heute noch in den nördlichen Grafschaften fortlebt.[2]

Von den Monatnamen der festländischen Deutschen erhalten wir zuerst durch Einhart, den Biographen Karl d. gr., Nachricht. Es erhellt aus seinen Mittheilungen (vita Karoli M. c. 29) dass vor dem grossen Kaiser deutsche und lateinische Namen[3] durcheinander gebraucht wurden, an deren Stelle Karl eine für sein Reich giltige deutsche Namenreihe zu setzen unternam. Aus den zahlreichen Handschriften und alten Abschriften, die zum Theil in das 9. Jahrhundert hinaufreichen, ergeben sich folgende Namen:[4]

1. Wintarmânoth
2. Hornunc
3. Lenzinmânoth     lentinmânoth
4. Ôstarmânoth
5. Wunnimânoth winnem.
6. Brâchmânoth     brâcmânotb
7. Hewimânoth howim.
8. Aranmânoth
9. Witumânoth     widumânotb
10. Windumemânoth
11. Herbistmânoth     hervistmânoth
12. Heilagmânoth     hêlagmânoth.

---

1) Haupt Zeitschr. 5, 204 f.
2) Bei Verstegan 61. 62 finden sich noch barnmônad für August, barleymonth für September, in Brockets glossary hagmena für December.
3) Von diesen lateinischen Monatnamen gibt Marceo in den keronischen Glossen Zeugniss.
4) Die mehr niederdeutschen (niederfränkischen) Formen finden sich in den von Pertz mit 7. 7.[b] 10. 10.[b] 10.[c] B.[v] C.[s] bezeichneten Handschriften. Die sehr alte St. Galler Hds. 272 gibt auch bracmauoth, herivistmanoth. Ueber das einzelne vgl. unser Verzeichniss.

Mit Ausname von hornunc sind sämtliche Namen zusammengesetzt; lenzinmânoth ist sogar eine uneigentliche Verbindung. 1, 3, 11 stammen aus den Jahreszeiten; 5, 6, 7, 8, 9, 10 gehören dem Wirtschaftskalender; 4,[1] 12 bezeichnen heilige Zeiten. Ausser ôstar- und heilagmônath weicht Karls Reihe von der angelsächsischen ab, in welcher hâlegmônad überdiess eine andere Stelle besitzt. Dennoch gewinnen wir aus diesen zwei stimmenden Namen den Schluss, dass schon vor dem sächsischen Zuge nach Britannien deutsche Monatbenennungen bestunden. Die völlige Selbständigkeit der skandinavischen weist dagegen eine urdeutsche gemeinsame Namengebung zurück.

Ob unter Karls Monatnamen der eine oder andere von ihm selbst erfunden war, lässt sich schwer bestimmen. Am verdächtigsten sind die ausser diesem Kalender nicht begegnenden witumanoth und windumemanoth, während die andern breiter und tiefer wurzeln. Karl wahrscheinlich hat auch den November hervistmanoth geheissen, vermutlich weil er dem Januar statt eines älteren ihm nicht behagenden Namen den des wintarmanoth gab. Unläugbar erreichte der Kaiser seinen Zweck; denn soweit die deutschen Monatnamen überhaupt brauch wurden, gab seine Reihe fortab die Grundlage, wie zunächst die Monatreihen in der St. Galler Handschrift 272 (IX. Jahrh.) und der Wiener Handschrift 863, sowie in dem Stabloer Kalender (X. Jahrh.) beweisen.

Abänderungen erfolgten durch die vordrängenden landschaftlichen Benennungen. Die ältesten finden wir in einigen Realglossaren, deren drei zu dem summarium Heinrici gehören. Das vierte, die sogenannten Glossen der Herrad, stimmen in diesem Abschnitt ganz mit der Münchener und Wiener Handschrift, während die S. Blasier Handschrift jenes Glossars ältere Formen gewährt.[2]

---

1) Zu Karls Zeit stund der Name Ostern für das kristliche Passafest schon lange in Gebrauch; wir können also ôstarmanoth nicht als Lenzmonat übersetzen, wogegen schon der Name des 3. Monats spricht.

2) gl. blas. in Gerbert iter alemann. S. 77; gl. monac. vindob. in Graff Diutisca 3, 236; gl. herr. in Engelhardt Herrad von Landsberg S. 179.

1. Wintermanoth (gl. herrad. auch iarmanot)
2. Hornunc
3. Lentzimanoth. Mertzo
4. Ostermanoth Aprelle
5. Winnemanoth. Meio (gl. blas. uuinem., monac. vindob. wunemanoth)
6. Bracmanoth (gl. vindob. herr. brachmanot)
7. Howemanoth
8. Arnotmanoth (gl. vindob. ernemanot, herr. ieruimanot)
9. Herbistmanoth
10. Windemmanoth (gl. herr. windem., mon. vindob. wintermanot)
11. Wintermanoth
12. Hertimanoth.

Die Veränderungen trafen September, November, December: witumanoth und heilagmanoth wichen vor herbist- und hertim., und November erhielt den geeigneteren Namen winterm., der nun aber, weil für Januar keine Aenderung eintrat, zwei Monate benannte. Ausserdem drängen sich die entlehnten merze, aprelle, meie vor, worin an sich keine Neuerung erscheint, da sie seit Jahrhunderten schon eingeführt waren. Den Handschriften nach fällt diese Monatreihe in das zwölfte Jahrhundert; sie hat aber gewiss schon länger bestanden. Nach dem sprachlichen Gowande so wie nach der Uebereinstimmung mit späteren elsässischen Kalendern gehört sie dem Elsass an.

Im 13. Jahrhundert treffen wir hier und da bei Dichtern auf deutsche Monatnamen; es begegnen aber kaum andre als hornunc, merzo, aprelle, meie, ougest. In den Urkunden, welche seit der zweiten Hälfte des 13. Jahrh. allgemach auch deutsch abgefasst wurden, verhindert die kirchliche Tagsetzung das öftere vorkommen deutscher Monatnamen, und wo sich neben dem kirchlichen der römische Kalender vordrängt, erscheinen nur selten, am häufigsten noch in Oberdeutschland, die heimischen Benennungen.[1] Das gilt bis in das 16. Jahrhundert, und dem Urkundengebrauch folgen die Kronisten.

---

1) Ich gebe einige Belege: 1273 am zwey vud zwentzigosten tag des ersten herbstmanods, Geschichtfreund 11, 107. — 1287 an S. Cecilientag der da was des neunten tags auzgenten November, Helwig Zeitrechnung 5.

Es würde somit um unsere Kenntniss sehr lückenhaft aussehen, kämen nicht seit dem 14. Jahrhundert Kalender mit deutschen Monatnamen auf. Sie sind unsre ergibigsten Quellen und durch sie nehmen auch die lateinisch-deutschen Wörterbücher des 15. und 16. Jahrhunderts auf diese Namen Rücksicht.

Wir legen zuerst die allgemein deutschen, besonders verbreiteten Monatreihen vor und gehn dann durch die einzelnen Hauptländer.

Schon im fünfzehnten Jahrhundert galten gemeindeutsch diese Namen:

1. Jenner  2. Hornung  3. Merz  4. April
5. Mei  6. Brachmond  7. Heumond  8. Augstmond
9. Herbstmond  10. Weinmond  11. Wintermond  12. Christmond.

Am festesten stehn 2—10; die Namen für 1 und 12 unterliegen im obern und mittleren Deutschland Schwankungen, in Niederdeutschland weicht auch 11 von der gemeinen Reihe meist ab.

Grossen Einfluss hatte, dass Johann Küngsperger (Regiomontanus) in seinem Kalender (Nürnberg 1473 u. o.) jene Namen brauchte, ohne dabei, wie das z. B. der auch einflussreiche

---

— 1294 an dem ersten tage ougosten Gschtfrd. 7, 167. — 1299 in dem manode Marcio an dem nächsten fritage vor der altun vastnaht, ebd. 19, 258. — 1314 an dem ersten tage ingendes aprellen, ebd. 7, 175. — 1319 an dem dritten tage ingendes ougsten, ebd. 19, 159. — 1335 ze mittem mertzen, ebd. 20, 167. — 1338 in dem nuinden tage meien, ebd. 8, 51. — 1347 dos vertoenden dachs in dem sporkelmaent, Lacomblet Urk. 3, n. 440. — 1348 an dem vierzehonden tag brachotz, Gschtfrd. 8, 56. -- 1349 des dirden dagis in dem maende den man nunpt zu latine Marcius Lacomblet 3, n. 474. des vunfden daichs inme meige ebd. n. 478. — 1353 des vier unde twintichs dach in den aprille ebd. n. 519. — 1359 des eirsten dages in deme Merte ebd. n. 589. — 1360 des lesten dages in dem maende Junius ebd. n. 600. — 1369 an dem zehenden tage des manotz Januarii Gschtfrd. 17, 261. — 1370 drie dage in Januario Lacombl. 3, n. 696. — 1379 zo ingendem höwmanod Gschtfrd. 18, 175. — 1436 uf den funfzehnten tag des mondes februarii gen. der hornung Weist. 4, 542. — 1486 den eilften tag des monats decembris ebd. 4, 563.

Gredinger in seinem Kalender von 1428[1] gethan, den mitteldeutschen Namen bei einzelnen Monaten (1. 9. 12) Einfluss einzuräumen. Deshalb stehn nun jene Namen in der grösseren Anzahl der ober- und mitteldeutschen Kalender für das 16. und das 17. Jahrhundert fest, falls nicht die lateinischen vorgezogen werden. Ich verweise zum Beleg[2] auf Rösslins Kalender Frankfurt 1537, Schülins teutsche Praktik für das Jahr 1558, Goltwurms Kalender Frankf. 1559, J. Hellers Kalender Nürnberg 1559, Heurings Kalender Nürnberg 1560—62, Thomas von Peterkaw Kalender Breslau 1561, Stathmions Kalender Nürnberg 1563, Thurneyssers Berlin 1578. 1580. 1583, den Grätzerischen Kalender von 1579—86 (in dem nur für Augstmonat Erndtemonat gesetzt ist), Schulins Nürnb. 1587, Prätorius Nürnb. 1587—95, Alb. Molerus Breslau 1597, Barth. Scultetus Görlitz 1598, Christ. Sarcqchalus Breslau 1601.

In den Wörterbüchern, z. B. dem Vocabularius theutonicus von Cunr. Zeninger (Nürnb. 1482), bei Dasypodius (Argentor. 1537) und Alberus (Francof. 1540), ebenso bei Schriftstellern des 16. Jahrh., wie in Mich. Herren Verdeutschung des Ackerwerks L. Columella und Palladii (Strassburg 1538) und bei Hans Sachs (Bd. I. S. CCCCXXII. Nürnberg 1558) herrschen jene Namen, welche sich durch das 17. und 18. Jahrhundert fortpflanzen.[3] Hier gibt ihnen Christ. Wolf durch sein einflussreiches mathematisches Lexikon (Leipzig 1742) neue Gewähr, der nur bei

---

1) Gedruckt im Anzeiger für Kunde deutscher Vorzeit 1864. S. 332 ff. 1. Hartmon, Jenner, 2. Hornunk, 3. Merez, 4. Aprill, 5. May, 6. Prochmon, 7. Hewmon, 8. Awgst, 9. Fullmon Herbstmon, 10. Weinmon, 11. Wintermon, 12. Wolfsmon.

2) Ich habe hier und anderwärts K. Frommann für gütige Mittheilungen zu danken.

3) Eine Sammlung sehr verschiedenartiger Monatnamen, deutscher und angedeutschter, legte nach seiner wüsten Gelehrsamkeit Fischart in aller Grossmütter Praktik an. Buebler in seiner Gnomologia Colon. 1602 und Chorion in seinem Ehrenkranz der deutschen Sprache, Strassburg 1644, sammelten auch alle möglichen Namen. Ebenso trug Cornelis Kiel (Kilianus) in seinem Dictionarium teutonico-latinum (3. Ausg. Etymologicum teutonicæ linguæ. Antverp. 1599) alle ihm bekannten germanischen Monatnamen zusammen, die wenn sie auch niederländische Formen tragen, keineswegs ohne weiteres für niederländisch zu halten sind.

1. 2 andere, nämlich die Namen grosser und kleiner Horn aufstellt, ohne jedoch damit Anklang zu finden. Für 8 nimmt er die in Mitteldeutschland geläufigere Form August. Es gelten nach allem diesem im achtzehnten Jahrhundert, abgesehen von der bloss römischen Reihe, im gemeinen Brauch folgende Monatnamen: Jenner, Hornung, Merz, April, Mai, Brachmonat, Heumonat, Augustmonat, Herbstmonat, Weinmonat, Wintermonat, Christmonat. Einen Beleg gibt u. a. der Kalender des Göttinger Musenalmanachs von 1776—1804.[1]

Durch die allmählich hervorbrechende Liebe für unsere ältere Sprache und Literatur erhub sich der Gedanke, die fremden Namen ganz zu verdrängen. Justus Friedrich Runde stellte in dem Januarstück des deutschen Museums von 1781 (S. 7—17) eine Vergleichung der römischen Monatnamen mit denen, welche Karl d. Gr. einzuführen suchte, an. Er sezte als Reihe, die sich aus Einhard ergebe, auf:

Wintermonat, Hornung, Lenzmonat, Ostermonat, Wonnemonat, Brachmonat, Heumonat, Aehren- oder Erndtemonat, Herbstmonat, Weinmonat, Windmonat, Heiligen- oder Christmonat.

Wieland, der mit Boie, dem Herausgeber des deutschen Museums, damals freundlich stund, gab im teutschen Merkur von 1781 S. 179—184 seine Beitrittserklärung zu dem Vorschlag, nur wollte er „nach uraltem Gebrauch" Mond für Monat setzen und dem Mai im Namen der Dichter sein Recht wahren. Er erklärte diese Bereitwilligkeit als Freundschaftsbeweis für Boie, indem sich durch eine dem Merkur und dem deutschen Museum gemeinsame Monatbenennung ihr einträchtiges wirken zum selben Ziel äusserlich ausdrücken werde. Und so benannten nun vom April bis December 1781 Wieland und Boie die Stücke ihrer verbreiteten und einflussreichen Monatschriften nach dem Ostermond,[2] Wonnemond, Brachmond, Heumond, Erntemond, Herbstmond, Windmond, Wintermond.

---

1) 1770—73 hat er die lateinischen Namen, 1774. 1775 findet sich geändert Augustmonat. Göcking führte die gemeindeutsche Reihe hier ein und Bürger und Reinhard behielten sie bei.

2) Den April nannte Boie Ostermonat, vom Wonnemond ab nahm er den „uralten" Wielandschen Mond gefällig an.

Für die übrigen drei ersten Monate hatte Boie mit Wieland auch eine Verständigung gesucht und dieser ihm versprochen, das 1. Stück 1782 mit Jenner auf dem Umschlag und mit Eismond[1] inwendig zu bezeichnen (Brief vom 14. Dec. 1781). So that er auch; aber im Februar liess er Boien im Stich und brauchte wieder nur die fremden Namen, wahrscheinlich weil er sie für die Praxis bequemer fand. Boie dagegen fuhr fort: Februar oder Thaumond, März oder Lenzmond bis zum December oder Christmond 1782; den Junius nannte er jetzt Sommermond, nach niederländischem Vorbild. Dann ermüdete auch er und gab den germanistischen Versuch auf.

Voss hatte sich im Maistück des deutschen Museums für 1781 (S. 447—455) gegen Rundes Vorschlag ausgesprochen und dessen deutsche Monatnamen für ebenso undeutsch erklärt, wie Jungfernzwinger statt Kloster, Höllenrahm statt Cremor tartari. Er nannte unter den ihm eignen unliebenswürdigen Witzeleien das ganze Beginnen thöricht, lächerlich und gegen den gesunden Menschenverstand. Boie hatte sich hierdurch nicht abhalten lassen,[2] den Versuch zur Einführung jener Namen zu machen, und wenn er selbst sie auch wieder fallen liess, so

1) Den Eismond mag Boie aus Scherz-Oberlins Glossar genommen haben. Wo er den Thaumond her bekam, weiss ich nicht.

2) In den Briefen Boies an Voss aus den Jahren 1781. 1782 wird die ganze Frage unberührt gelassen; die vossischen sind unvollständig gedruckt und in den Originalen verloren. In dem Kalender seines Musenalmanachs liess Voss von Anfang (1776) an nur die römischen Monatnamen zu. Gegen den Vossischen Angriff erhub Wieland in dem teutsch. Merkur von 1781. dritt. Vierteljahr S. 191 f. die Waffen. Es sei ihm ein Aufsatz eingeschickt, worin der Verf. gelegentlich der vossischen Eruption gegen die alt- oder neuteutschen Monatnamen seinen Unwillen über das, was er den Sprudelgeist, die Inkonsequenz und den schnarchenden raufboldischen Ton jenes rüstigen Schriftstellers nenne, zu erkennen gebe. Indessen lasse W. ihn nicht abdrucken, weil Herr Voss doch niemandem Schaden thue als sich selbst. Wenn die Monatnamen gegen den Brauch oder usus seien, so sei doch Herr Voss ein ebenso eigenmächtiger Herrscher als Tyrann Usus; man möge an seine Odüsseus, Härä u. s. w. denken. Voss sah natürlich in diesen Wielandischen Worten einen Angriff auf seine Ehre; vgl. Briefe von J. H. Voss 2, 275. Man vergleiche dann Wielands versöhnliches Schreiben vom 28. Dec. 1781 in den Ausgewählten Briefen von C. M. Wieland 3, 334.

lebten sie doch in der von ihm angenommenen Art einige Zeit fort. In dem Almanach der deutschen Belletristen und Belletristinnen, Ulietea 1782 von J. Chr. Fr. Schulz finden wir sie bis auf Eismond und Thaumond, die durch Wintermond und Hartmond ersetzt sind. Unverändert begegnen sie z. B. im Niederrheinischen Taschenbuch für die Liebhaber des Schönen und Guten, Düsseldorf (1801) und in dem Allgemeinen Nationalkalender, Grätz (1822). Auch der Leipziger Almanach für Frauenzimmer schliesst sich an; nur setzt er Frühlingmonat und in einigen Jahrgängen (z. B. 1810) für Sommermond das alte Brachmonat.

In den neueren Kalendern herrschen bekanntlich im allgemeinen die römischen Monatnamen als die kosmopolitischen. Wo deutsche gebraucht werden, lehnen sie sich an die gemeine Reihe des 15. bis 18. Jahrhunderts an. Der weitverbreitete Lahrer hinkende Bote setzt unter Schweizer Einfluss

Jänner, Hornung, März, Ostermonat, Wonnemonat, Brachmonat, Heumonat, Erntemonat, Herbstmonat, Weinmonat, Wintermonat, Christmonat.

Der Kalender des Gustav-Adolf-Vereins aus Darmstadt hat für Merz Frühlingsmonat und für Jenner Wintermonat; da auch der November bei ihm so heisst, finden wir hier die gleiche Doppelnamigkeit wie in den Monatnamen der Glossare zu Heinrici summarium.

Nicht unerwähnt mögen die Abweichungen des kleinen Eutiner Kalenders unsrer Zeit bleiben. Er gibt
1. Wintermonat, 2. Thaumonat, 3. Lenzmonat, 4. Grasmonat, 5. Blumenmonat, 11. Windmonat.

Die landschaftlichen Monatreihen eröffnen wir mit der bairischen.[1]

Bis zum 15. Jahrhundert kenne ich aus Baiern-Oesterreich nur vereinzelte Monatnamen: 2. hornunc, 3. merze, 4. óstermânot (Diut. 3, 460), abrille abrelle abrulle, 5. meie, 8. augst.

---

1) Es versteht sich von selbst, dass wir unter bairisch, alemannisch, fränkisch u. s. w. die alten Stammgebiete, nicht irgend einen neuen Theil derselben begreifen.

9. der sibente mâne (Gundacher 4005). Der Tiroler Oswald von Wolkenstein braucht bereits folgende fast ganz fremde Reihe jenner, hornung, mertz, abrill abrelle, may, junius, julius, augst, september, october, november, december.[1] Er bezeugt den allgemeinen Gebrauch für das 14. 15. Jahrhundert. Indessen erscheinen daneben die Versuche, die deutschen Namen zu verwenden sehr bestimmt, denn grade in den bairischen Kalendern des 15. Jahrhunderts tritt die gemeindeutsche Reihe, welche wir oben gaben, zuerst auf, und wird in ihnen festgehalten.[2] Für 6. 7. kommen dabei die einfachen Formen brâchet, howet noch vor, die sich in dem brachot, hobiot der oberitalienischen Deutschen bis heute erhielten. Für 8. herrscht augst. Eigenthümlich einer Kalendergruppe (cgm. 93. 398. 848. 700. 3384, Giessener Hds. 978, Gmund, Gräz. Kal., Huber) ist, dass Mai und Juni als der erst und ander mai, Juli und August als der erst und der ander augst benannt werden. In Diefenbachs Ngl. 34 und im Tegernseer Fischbüchlein erscheinen 8 und 9 als der erst und der ander augst.

In eben jener Gruppe heisst der September der erst herbst oder herbstmân, der October der ander herbst oder herbstmân, wozu einige (cgm. 349. 730. 771) den November als dritten herbst fügen, während das Tegernseer Fischbüchlein October und November als ersten und andern herbstmân zählt. Dem schliesst sich November und December als erster und ander winter oder wintermân in den cgm. 93. 398. 430. 700. 3384. 4685, im Gräzer Kal., in den Kalendern des Joh. v. Gmund und des Huber an.[3]

---

1) Gedichte, herausg. von Beda Weber n. CXXI. CXXIII. XLVIII.
2) Kalender des 15. Jahrh : cod. germ. monac. 75. 93. 223. 349. 398. 430. 461. 689. 730. 771. 827. 848. 867. 700. 4657. 4685. 3384, Gräzer Kal. (Hds. $\frac{1}{11}$ fol. Gräz. Univ. Biblioth.) Hubers Kal. von 1477 (Schmeller b. Wb. 1, 39), Hans v. Gmund immerwährender Kalender v. 1439. Dazu die Glossare bei Diefenbach: gl. 1. und nov. gl. 34. — Aus dem 16. Jahrh. cgmon. 123. Tegerns. Kal. u. Fischbüchl. — Die Mittheilungen aus den Münchener Handschriften verdanke ich Herrn Bibl. Assistenten Fr. Keinz.
3) Ueber die einzelnen Namen vgl. hier und überall unser Verzeichniss im dritten Abschnitt. — Die bairische Form für Monat ist mânet, mâneit; mônet, mônit, mônat (steir. muenot), sämmtlich gen. neutr. Auch mând, mônd; mâne, mân môn kommen vor.

— 14 —

Der gemeindeutsche weinmân, October, ist durch jene Bezeichnung als erster oder ander herbstmonat, etwas zurückgedrängt, so wie christmond durch wintermond.

Ausserdem finden wir als Nebennamen für October in den Kalendern cgm. 223. 430. 867 das alte laubprost; in andern Quellen des 15. Jahrhunderts für November wolfmanet, das einzeln auch für December bairisch begegnet.

Seine besondern Benennungen trägt der Tegernseer Kalender vor:[1] 1. dreschmonat, 2. holzmonat, 3. das erst ackermonat, 4. das ander ackermonat, 8. schnitmonat, 9. uberherbst, saumonat, 11. allerheiligenmonat, kotmonat.

Der Hubersche Kalender hat als Eigenthümlichkeit sæmon für September; Johann von Gmund verlegt den cristmon auf Januar, vielleicht weil er das Jahr mit dem 25. December begann. Den December nennt er den andern wintermon.

Bemerkenswerth ist auch der hartman für November in den entschieden bairischen Kalendern cgm. 223. 430. Aus cgm. 827 und Giessener IIds. 978 erwähnen wir lest monet für December. Im 17. 18. Jahrhundert hat die gemeindeutsche Reihe, soweit überhaupt heimische Namen gebraucht wurden, Anwendung gefunden. Heute lebt im Volke bairischen Stammes kaum noch ein deutscher Monatname wirklich. Nur aus Tirol werden hornung (im Sarnthal horner), brachmonet (auch im bracher, im brachacker), heumonet, herbst (October) bezeugt.[2]

Bei den Deutschen der venetianischen Alpen heissen die Monate: gennar, hornik, merzo, abrello, mojo, prachot, hobiot, august, sibenmanot oder settember, achtmanot oder october, neunmanot oder november, zegenmanot oder december.[3]

Zwischen den bairischen und den alemannisch-schwäbischen Monatnamen herrscht, wie zu erwarten ist, eine grosse

---

1) Pfeiffer Germania 9, 192 f.
2) Frommann, deutsche Mundarten 3, 460. Schöpf, tirolisches Idioticon 52. 276. 260.
3) Schmeller-Bergmann, Cimbrisches Wörterbuch 145.

Uebereinstimmung.[1] Wir treffen hier dieselbe gemeindeutsche Reihe des 15. 16. Jahrhunderts wie dort. Auch die Doppelzählung von mai und augst kommt vor, obschon nur selten (cgm. 32 für beide, Diefenb. Ngl. 32 für augst); beliebter war die Dreizählung des herbstmanots, die schon im 13. Jahrhundert sich findet.[2] Von Zählung der Wintermonate liegen einzelne Beweise vor.[3]

Eine eigenthümliche Unterscheidung doppelter Auguste hat der Kalender eines Ehinger Spitalbuchs,[4] welcher den September haberougst nennt nach der Haberernte, die auch den niederdeutschen Namen evenmânt für diesen Monat gab. In ein paar alemannischen Kalendern (cgm. 397. 480) heisst der September sæmanat, sæman; in andern der December wolfmonat.[5]

Für Brachmonat ist schweizerisch der einfache brachet beliebt gewesen, welchen unser Verzeichniss seit dem 13. Jahrhundert in mannichfachen Formen aufführt; er lebt noch heute als Monatbezeichnung, während der höwat nur die Bedeutung Heuernte behielt.

Als besondere alemannische Eigenthümlichkeiten sind die Namen des Februars rebmanot oder redmanot hervorzuheben, über welche man unser Glossar vergleiche. Das nur einmal bis jetzt gefundene[6] Barmanoth für Januar bedarf weiterer Belege um gegen den Verdacht eines Schreibfehlers für jarmanot gesichert zu sein.

Die gemeindeutschen Monatnamen haben sich in keinem deutschen Lande so treu im Volksmunde erhalten, wie in der Schweiz. Wir finden hier noch heute in täglichem Gebrauch

---

1) Die alemannischen Formen für Monat sind mânot, mânat, mânet, mônet (schwäb. maunet). Auch einfaches mân, môn erscheint in der Zusammensetzung.

2) Zürcher Urk. v. 1273 im Geschichtsfreund 11, 107. Martina 89, 42; andere alem. Belege: Urk. von 1371. 1426. 1452 im Gschtfrd. 1, 333. 8, 95. 7, 98; ferner Zürcher Jahrb. 75, 17. Klingenb. Kr. 342. 354.

3) Gschtfrd. 6, 176. Ehinger Spitalbuch.

4) XV. Jahrh. Handschr. des German. Museum.

5) Zürcher Wandkal. v. 1527. Wörterbücher von Maaler und Dasypodius.

6) Zürcher Urk. v. 1313, Gschtfrd. 1, 71.

Jänner, Hornung oder Horner,[1] Merze, Aprill oder Abrelle, Brachmonet, Heumonet, Augst, Herbstmonet, Winmonet, Wintermonet, Christmonet.

Die im Elsass bräuchlichen Monatnamen [2] bilden, wie der elsässische Dialect überhaupt, die Vermittelung zwischen den alemannischen und fränkischen. Wir erwähnten bereits dass in den zum summarium Heinrici gehörigen Glossaren die älteste Abweichung von Karls Monatreihe auftritt. Dieselbe begegnet auch in dem elsässischen Kalender einer Kopenhagener Handschrift des 14. Jahrhunderts [3] mit geringer Verschiedenheit:

Jenner, hornung, mertze, abrelle, meie, brachmonot, howemonot, ougest, herbest, windemonot, wintermonot, hertmonot.

Konrad von Dankrotsheim Monate in seinem Namenbuch [4] stimmen im wesentlichen dazu, nur heissen 9. 10. bei ihm ógstin und herbestmonet.

Der früh verschwindende windemmonot wird nach gemeindeutscher Art von einigen elsässischen Quellen des 16. Jahrhunderts (Murner, Dasypod, Herr Ackerwerk) durch winmon, weinmonet gegeben.

Jener Kopenhagener Kalender hat für September bis December neben den gemeinen auch Nebennamen. Erstens treffen wir die aus Baiern und Alemannien bekannten der erste andere dritte herbstmonot, die auch in einem Pergamentkalender von 1431 (german. Museum) und in Hupfuffs Strassburger Kalender von 1513 vorkommen.[5] Der December heisst dann wintermonet; christmonet ist elsässisch seltner. Wir finden ihn bei Dasypod und in Herren Ackerwerk, hier aber nur als Seltenheit neben dem häufigeren wolfmonat,[6] wie auch Murner im Ketzerkalender

---

1) Stalder Idioticon 2, 56. Schild Grossätti aus dem Leberberg S. 112. Lahrer hinkender Bote.
2) Elsäss. mânot, mônot, mônet, mônt; auch môn.
3) Herausgeg. von R. v. Liliencron in Haupts Zeitschrift 6, 350 ff.
4) Strobel Beiträge zur deutschen Literatur und Literaturgeschichte Paris, Strassburg 1827. S. 109 ff.
5) Zwei Herbstmonde haben Diefenbach gl. 75 und Ngl. 30.
6) Wolfmonat für November hat Diefenbach Ngl. 30.

von 1527 wolfmon braucht, der nebenbei bemerkt dieselben Namen wie die Practica des weytberühmpten Doctor Grillen hat. In jenem Kopenhagener Kalender begegnet endlich als dritter Name des September fulemonot, und für December volrat. Beide Namen hat auch ein Strassburger Kalender des 15. Jahrhunderts in Mones Anzeiger (6, 436), so wie Diefenbachs Ngl. 40 wenigstens fulmonet gibt.

Folgende Zusammenstellung wird die Uebersicht der verschiedenen elsässischen Benennungen der vier lezten Monate erleichtern:

| | | | |
|---|---|---|---|
| 9. herbstmonot | herbstmon | der erste herbstmonot | fulemonot |
| 10. windemonot | winmon | der ander herbstmonot | herbestmonet |
| 11. wintermonot | wintermon | der dritt herbstmonot | wolfmonet |
| 12. hertmonot | wolfmon | wintermonot | volrot |

Die vier Namen der lezten Reihe kommen nicht sämtlich in derselben Quelle vor. Jedoch hat Diefenbach Ngl. 40 fulmonet herbestmonet, Ngl. 30 herbstmonet, wolfmonet, der Kopenhagener und Strassburger Kalender fulemonot volrot, woraus sich jene Reihe leicht herstellt. Diefenbachs Ngl. 30 sezt hartmonet in den Januar.[1]

In dem fränkisch-thüringischen Gebiet, das wir nun nach seinen Monatnamen zu durchsuchen haben, und an das sich das niederländische anschliesst, erscheinen verschiedene Abtheilungen. Das niederländische lassen wir zuerst bei Seite. In jenem ausgedehnten Theil des deutschen Landes finden wir, obschon mit abweichenden Lauten,[2] während des 15. 16. Jahrhunderts Uebereinstimmung in den lateinisch benanten Merz, April, Mai, ferner in Brach- und Heumond, in Augst (hess. thüring. schles. owest, aust, niederrhein. oist, oest), in Herbstmond für September oder October, endlich in Wintermond für November oder December, indem in Hessen und Schlesien der November wintermant oder -mande -monde heisst, am Westerwald und Niederrhein der December. Am Main finden wir den Namen für beide Monate. Bei den übrigen Monaten treten

---

1) Die Ordnung 1. hornung 2. hartmon, ist sichtlich ein Versehen.
2) Monat: nl. maend, maand; nrh. maint; frankf. mânt, mônt; westerw. mande; hess. mûnde; schles. mônde.

mehr landschaftliche Scheidungen hervor: in dem westlichen Theil heisst der Januar hartmant, im östlichen (Thüringen, Schlesien) wolfmonde. Niederländisch heist er laumænt.

Der Februar führt am Main, in Hessen, Thüringen, Schlesien den gemeindeutschen Namen hornung; am Niederrhein bis Coblenz hinauf, am Westerwald bis an die Lahn sporkel oder sprockel. In Hessen und Thüringen begegnet für Januar und Februar auch volborn.

Für September galt am Main und am Niederrhein herbstmont, herfstmant; am Main, im Westerwald, in Hessen, Thüringen, Schlesien fulmant, daneben in Hessen und Thüringen owestin.

Der December ward am verschiedensten benant. Am Untermain herschte slachtmant, welches am Westerwald und in Niederland den November benennt; am Main und am Westerwald hiess der December wintermont, wintermænde, in Hessen lesemande, in Schlesien hartmonde. Lasmant und hartmant treffen wir am Niederrhein für Januar.

Im Kölner Sprengel fanden auch die kirchlichen Namen Remeismaint, Allerhilgenmaint und Androismaint für die drei lezten Monate Eingang. September und October hiessen hier auch evenmaint und ossenmaint, so wie das Seligenstatter Jahrzeitbuch für Oktober und November saemonat und eckermonat hat.

Ich stelle hier die Abweichungen des Westens (ausschliesslich Niederland) und des Ostens zusammen:

| Westen. | Osten. |
|---|---|
| 1. lasmant - hartmant | wolfmonde |
| 2. sporkol - hornung | hornung |
| 9. herfstmant - fulmant | owestin - fulmonde |
| 11. slachtmant - wintermant | wintermonde |
| 12. wintermant - slachtmant | lesemande - hartmonde. |

Heute sind in dem grösten Theile dieses Gebietes die römischen Namen ausschliesslich im Brauch. Doch findet sich Hartmond für Januar noch in Oberhessen (nicht in der Wetterau), im Westerwald und im Kölner Lande. Der Februar heisst auf dem Westerwald, um Coblenz und um Aachen Spörkel, im kölnischen Sporkel, im bergischen und auf der Eifel Spürkel.

In **Flamland** (flämisch Belgien und den holländischen Provinzen Nordbrabant und Seeland) stehn die römischen Namen in täglicher Uebung. Daneben kommen aber noch vor:[1] 1. Lauwmaand, 2. sprokkelmaand, auch het kort maandeken, 4. gerzemaand, 5. bloeimaand, 7. hooimaand, 8. oogstmaand, 11. flachtmaand, loefmaand, 12. wintermaand.[2]

Vollständiger ist die Monatreihe in **Niederland** nördlich dem Rhein, obschon auch hier im täglichen Verkehr nur die römischen Namen gelten: 1. Louwmaand, 2. sprokkelmaand, 3. lentemaand, 4. grasmaand, 5. bloeimaand, 6. zomermaand, 9. hooimaand, 8. oogstmaand, 9. herfstmaand, 10. wynmaand, 11. flachtmaand, 12. wintermaand.

Früher war die Mannigfaltigkeit der Namen grösser. Zu den eben angeführten fügen sich aus älteren Zeiten:[3] 1. Janmaend; 2. Sille, Selle, Sulle; Schrikkelmaend; 5. Bloemmaend; 6. Braakmaend, Wedemaend, Wedermaend, Roosenm.; 8. Oest; 9. Evenmaend, Pietm., Speltm.; 10. Aerzelmaend, Herzelmaend, Saedm., Roselm.; 11. Loefmaend, Horem., Smeerm.; 12. Slachtmaend, Heylighenm., Kerstm., Windmaend, Windelm. Horenmaend.

So wichtig es wäre die alten **sächsischen** Monatnamen zu kennen, um zu sehen, wie sie zu den angelsächsischen stehn und welche Stellung die Sachsen zu Karls Namengebung einnamen, so mangeln uns doch alle Mittel dafür. Erst mit Schluss des 15. Jahrhunderts lernen wir aus Kalendern und Praktiken die sächsische Reihe kennen, welche damals gewiss schon mehrfach geändert war. Folgende Namen [4] sind von Ende des 15. bis in das 17. Jahrhundert am verbreitetsten:

---

1) Mittheilung von Herrn Pastor L. W. Schuermans zu Wilselo bei Leuven, dem Herausgeber des Algemeen vlaamsch idiotikon.

2) Was Coremans l'Année de l'ancienne Belgique vorbringt, ist unkritisch, unbelegt und zum Theil willkürlich erfunden.

3) Ich habe der Hilfe von M. de Vries in Leiden hier dankend zu erwähnen.

4) Die sächsische Form für Monat in den zusammengesezten Namen ist mâne, maen; in jüngerer Zeit auch mând, mônd.

1. hardemaen, 2. hornine, 3. martimaen, merzmaen, 4. ostermaen, april, 5. mey, meymaen, 6. bracmaen, 7. houmaen, 8. austmaen, 9. hervestmaen, 10. fatmaen, wiumaen, 11. flachtm., winterm., 12. christmaen.

Auch hier gibt also der gemeindeutsche Kalender die Grundlage. Einzelne Abweichungen kommen vor. So nennt der Lüneburger Kalender von 1480 den Januar wolgheborn, d. i. volborn, und den August nundeman, d. i. wahrscheinlich hundeman. In einer pommerschen Diaetetik des 15. Jahrhunderts[1] begegnet fpeckman für December; in ein par Quellen[2] heisst dieser Monat (nicht der Januar) hardeman.

Eine ganze Reihe eigenthümlicher Namen hat der holsteinische (Bordesholmer) Kalender[3] aus dem Beginn des 16. Jahrhunderts:

1. kalvermaen  2. fosmaen  3. valenmaen  4. koltenmaen
5. bloymaen  6. lusemaen[4]  7. hundemaen  8. vleghenmaen
9. wickemaen  10. ossenmaen  11. swynemaen  12. hasenmaen.

Heute stehn die römischen in ganz Niederdeutschland in alleinigem Gebrauch. Doch sind mir folgende unrömische aus verschiedenen niedersächsischen Landschaften bekant geworden: 1. im westfälischen Sauerland harremond, im göttingschen dat kale mand, 2. in der Grafschaft Mark und im Sauerland durch köinischen Einfluss spüärkel spüärkelsche, sonst in Westfalen wywermond, olleweiwermond, im Osnabrückschen im vorigen Jahrhundert wannemond.
6. meklenburg. Jehansmand, 7. teklenburg. arenmaund, 9. ditmars. silmand sehnand, 11. götting. Martensmand.

Um die Kenntniss der friesischen Monatnamen steht es noch kärglicher. Es mag überhaupt zweifelhaft sein, ob sich

1) Baltische Studien 19, 49.
2) Diefenbach Ngl. 38. Bordesholm. Kal.
3) Anzeiger für Kunde deutscher Vorzeit 1854 Sp. 6 ff.
4) floymaen, luszemaen des Druckes (und auch der Schrift?) habe ich gebessert; ebenso ist für fuustmaen Austmaen gesezt.

hier in älterer Zeit feste Benennungen der zwölf Jahrtheile bildeten, oder ob es nicht bei allgemeineren Bezeichnungen blieb. Was S. 2 über den Brauch auf Amrum und Föhr mitgetheilt ward, weist darauf hin. Indessen konten sich die Festlandfriesen namentlich der allgemein deutschen Sitte nicht ganz entziehen. In Westfriesland entstunden so folgende Namen:[1] 1. Jiers foarmoanne, 2. Selle, 3. Foarjiersmoanne, 4. Gerzmoanne, Gorsmoanne, 5. Blommemoanne, 6. Simmermoanne, 7. Häymoanne, 8. Rispmoanne, 9. Hearstmoanne, 10. Wijnmoanne, 11. Slachtmoanne, 12. Wintermoanne.

Der gemeine Kalender ist hier mit gewissen Besonderheiten, die in den Niederlanden auftreten, gemischt. Der Name solle für Februar scheint eigenthümlich friesisch.

Bei den Nordfriesen erfolgte die Monatnamenbildung nur unsicher. Es wird darum willkommen sein, alte Sylter Benennungen kennen zu lernen, die mir der bekante Sylter Forscher, Herr P. C. Hansen zu Keitum, mittheilte: 1. Wuntermuun, 2.—, 3. Katmuun, 4. Puaskmuun, Fiskmuun, 5. Eiertiid, Eiermuun, 6. Hungermuun, 7. 8. Sommermuun, Barigtmuun, 9. Mochelsmuun, 10. Füghelmuun, 11. Slagtmuun, Bröllepsmuun, 12. Jööltiid, Jöölmuun.

Der ditmarsische Name des September silmaand, sellemaand scheint hiernach nicht nordfriesisch, sondern mag mit den Einwandrern aus Wursten und andern ostfriesischen Landschaften in die nordelbische Marsch gekommen sein.

Es bleibt übrig nach den skandinavischen Monatnamen zu fragen.

Die älteste Aufzälung derselben verdanken wir der Snorra Edda.[2] Die hier genanten werden im 13. Jahrhundert schon lange auf Island und wol auch in Norwegen gebraucht gewesen sein. Bei aller Abweichung von den deutschen und angel-

---

1) Mit Ausname von rispmoanne kommen sie in Gisb. Japicx Schriften vor, vgl. Epkema Woordenboek op de gedichten en verdern geschriften van Japicx. Leuwarden 1824. — In Grimms G. d. Spr. 90 haben sich viele Druckfehler eingeschlichen.
2) Arn. Magn. Ausg. S. 510 ff. Rasks Ausg. 188.

— 22 —

sächsischen bezeugen sie doch das Bedürfniss der germanischen Völker nach Monatnamen seit Einführung des zwölfmonatlichen Sonnenjahrs.

Das nordische Jahr begann mit dem Winter; in geschichtlicher Zeit war der Winteranfang auf den 14. Oktober gesezt.[1] Indem wir im folgenden die isländischen Monate von unserm üblichen Jahresanfange ab aufzälen, muss also bedacht werden, dass der erste Monat von unserm 14. Januar bis 14. Februar reicht. Bei den neuisländischen[2] beginnen die Monate den 21. Tag, der erste Monat umfasst hier den 21. Januar bis 21. Februar, und dann gehn die Abschnitte entsprechend weiter:

| Altisländisch. | Neuisländisch. |
|---|---|
| 1. Þorri | Þorri |
| 2. Gói | Gói |
| 3. Einmânaðr | Einmânudur |
| 4. Sâdtid. Gaukmânaðr | ebenso und Harpa |
| 5. Eggtid. Stecktid | ebenso und Skerpla |
| 6. Selmânaðr. Sólm. | ebenso |
| 7. Heyannir | ebenso |
| 8. Kornskurðarmânaðr. Tvim. | ebenso |
| 9. Haustmânaðr | ebenso und Gardlagsm. |
| 10. Gormânaðr | ebenso |
| 11. Frermânaðr | ebenso und Ýlir |
| 12. Hrútmânaðr | ebenso und Mörsugur. |

Bereits im 13. Jahrhundert waren übrigens die römischen Monatnamen, wie die Rimbegla zeigt, bei den Gelehrten ausschliesslich im Brauch.

Die norwegischen, schwedischen und dänischen Namen mögen sich zum Schluss anreihen.

---

1) Edda Saemundar (F. Magnussen) Havn. 1828. III, 1013. 1115. Weinhold, Altnordisches Leben. Berlin 1856. S. 376.

2) Ich gebe sie nach dem von Jon Sigurdson eingerichteten Almanak um âr 1869. Kaupmannah. — Die von Finn Magnussen in seinem Specimen calendarii gentilis (Edda III) gegebenen neuisländischen weichen ab. Er gibt: 1. Miðsvetrar mánuðr, 2. Föstu inngangs manuðr, 3. Jafndoegrum., 4. Sumarm., 5. Fardagam., 6. Nottleysum., 7. Stuttnætism., madkam., 8. Heyannam., 9. Addrattám., 10. Slátrunarm., 11. Ridtídarm., 12. Skammdegism.

| Norwegisch | Schwodisch | Dänisch (und schonisch) |
|---|---|---|
| 1. Torre | Thorre, Thorrmånad | Glugmaaned (glugg. glogg.) |
| 2. Gjö | Göja, Göiemånad | Göie (gyja) |
|  |  | Blidemaaned, Blidel. |
| 3. Krikla, Kvine | Thurrmånad | Tordmaaned, Torm. (Thor) |
| 4. } Voarmoauar | Vårant, Vårmånad | Faaremaaned |
| 5. | Mai | Mai, Mejmaaned |
| 6. } Sumarmoanar | Midsommar | Skjürsommer, Sommerm. |
| 7. | Hömånad | Ormemaaned |
| 8. } Haustmoanar | Skortant, Skördem. | Höstmaaned |
| 9. | Höstmånad | Fiskemaaned |
| 10. } Vinterstid | Slagtmånad, Blotm. | Sädemaaned, Ridm. |
| 11. | Vintermånad | Slagtemaaned |
| 12. Jolemoane Skammtid | Julmånad | Juulemaaned, Christm. |

## II. Inhalt der Monatnamen.

Die deutschen Monatnamen entspringen aus mannigfaltigen Vorstellungen und bezeichnen sehr verschiedene Beziehungen und Eigenschaften. Religiöses, Zeit und Wetter, das Pflanzen- und Thierreich, Feld- und Hauswirtschaft spiegeln sich in ihnen ab. Eine Zahl ist dunkel geblieben, doch werden auch diese unerklärten Namen aus einer jener Quellen geflossen sein.

### 1. Monatnamen aus dem religiösen Leben.

Wir können keine germanischen Monatnamen sicher nachweisen, die nach einer alten Gottheit benant wären. Ich wenigstens halte Bedas Erklärung des Hredmónađ und Eóstremônađ für üble Spielerei und glaube an keine Göttinnen Hreda und Eóstre.[1] Unzuverlässig ist auch der isländische Name Óđinsmânuđr, den F. Magnussen erfunden zu haben scheint, so wie Coremans einen Wodansmaand, Vry- und Vrouwenmaand erfand. Sie haben eben so wenig Wahrheit als Gräters im Bardenalmanach (1802) aufgestellte Thors- und Freyamonat. Dagegen haben die nordischen Thorri und Gói sehr früh mythische Beziehungen erhalten und bis in die neuste Zeit bewahrt, wobei ihnen Einmânuđr und Harpa sich anschlossen.[2]

Der Februar wenigstens hat von diesen Monaten auch noch in Deutschland heidnische Erinnerungen in den Namen die Sporkele oder Sporkelske und Wiwermond gerettet, der Gebräuche zu schweigen, welche auf ein Fest unsrer alten Frühlingsgöttin

---

1) Dieselben Bedenken hat, wie ich sehe, schon Leo Rectitudines S. 206 ausgesprochen.
2) Ich verweise auf die Belege in dem 3. Abschnitt unter den einzelnen Namen.

in ihn hinweisen. Sein niederdeutscher und dänischer Name Blidemænd, Blidemaaned entspringt aus der in heidnischer und kristlicher Zeit in ihm waltenden Lustbarkeit.

Auf das grosse heidnische Erntefest am Jahresschluss bezieht sich der angelsächsische Septembername Hâlegmônad; Karl d. Gr. verlegte den Namen auf den durch Kristi Geburtsfeier geweihten December. Die Bittopfer zu Anfang des heidnischen Jahres zeugten den Blôtmônad.

Der nordfriesische Bryllepsmûn, November, bezieht sich auf die zu Wintersanfang besonders häufig gehaltenen Brautläufe.

Von kristlichen Festen gaben Ostern und Kristi Geburt weitverbreitete Namen; Pfingstmonat ist dagegen selten. Ausserdem finden sich folgende Namen nach kirchlichen Zeiten und Tagen, die gröstentheils nur wenig belegt sind:

Adolfmonat, Albinm., Allerheiligenm., Andreasm., Bastianm., Dieboltm., Dreiweisenm., Fabianm., Fastnacht- oder Fronfastenm., Jacobm., Johansm., Kindelm., Klibelm., Königm., Lichtmessem., Lipjäklem., Luxm., Märgenm., Martensm., Marxm., Michelsm., Nicom., Oculim., Paulm., Remeism., Steffamm., Verenam., Wolfgangmonat.

## 2. Monatnamen nach Zeit und Wetter.

Nach den Zeiten des Jahres sind benannt Wintarmânot, Lenzinmânot (vârant, Foarjiersmoanne, Frühlingsmonat), Sommermaand, Hervistmânot (haustarmânadr). Den Monat nach dem alten Wintervollmond bezeichnet Vinterfylled; von den Sonnenwenden stammen wahrscheinlich Wendemaent und Windelmaent; der Anfang des römischen Jahres erscheint im Jârmânot (Jiers foarmoanne) Januar. Der Februar heisst nach seiner Kürze flamisch het kort maandeken, nach dem Schalttage Schrickelmaand; der October nach dem deutlichen Rückgang des Tages niederländisch Aarzel- oder Herzelmaand. Der December wird als Schlussmonat zuweilen der lezte mon genant. Zu Zahlnamen sind nur schwache Anläufe gemacht: der fimfto, sibento, niunto, zehende m. kamen in alter Zeit einzeln vor. Bei den oberitalienischen Deutschen lebt durch welschen Einfluss sibenmanot, achtmanot, zegenmanot. Welche Gründe den März Einmânaðr, den August Tvimânaðr nordisch nennen liessen, weiss ich nicht. Das Wetter und seine Wirkung spricht sich nicht selten aus. Nach dem harten Frost, vielleicht im besondern nach der harten Erd- und Schneekruste, ist der hertimanot (Nov. bis Jan.) benant. Die trockne Kälte gab dem Januar seinen nordischen Namen thorri. December heisst isl. frermánaðr, niederdeutsch de kalde mânt. Jung ist Eismonat. Stuben- und Ofenmonat für Januar scheint ein Fischartscher Scherz.

Von der ersten Regung der Frühlingssonne und dem aufthauen der gefrornen Erde sind aller Wahrscheinlichkeit nach Reb- und Redmanot so wie die Sprockele und Gói genant; der Name Thaumonat ist sehr jung. Von den schmutzigen Wegen, die dann entstehn, stammen der fries. kâtmûn und wahrscheinlich der ags. solmônað, so wie der schmutzreiche November aus gleichem Grund Kotmonat und nl. waḫrscheinlich horemaent hiess. Von dem trocknen der nassen Felder heisst der März dän. tormaaned.

In den alten Namen des Mai winnimânot hat sich früh die Umdeutung in Wuunim., Wonnemond, eingedrängt.

Juni und Juli hiessen ags. die linden. Jüngere Namen ohne Verbreitung sind Wärmemonat für Juli, Koch- oder Hitzemonat für August. Der Juni hiess nach dem trocknen Wetter ags. seármônað, und nach den Gewittern nl. wedermaent. Von dem Höhenstand der Sonne ward er nordisch sólmânaðr genant.

Die Winde gaben mehreren Monaten Namen: glugmaaned Januar, hlýdmônað Morz, ridmaaned October, Windmond November December, Ŷlir December.

3. Monatnamen von Pflanzen und Thieren.

Nach grossen Erscheinungen der Pflanzenwelt sind grasmaand, bloeimaand und laubbrost oder laubrise benant. Der rosenmanet und eckermonat sind die einzigen Spuren von der Einwirkung einzelner Arten von Blumen und Bäumen.

Fruchtbarer zeigt sich die Thierwelt. Wolf und Fuchs treten auch in den Monatnamen auf; die Jäger haben die wilde Sau und den Hasen als Namengeber benuzt. Die Hausthiere erscheinen in hrûtmânaðr Stiermonat, kalvermaen, falenmaen, faaremaaned, osseu- und swynemaen. Esel- und Hundmonat finden sich ausserdem.

Nach dem Eiergewinn der Seeküsten ist die eggtið benant, nach dem Vögelzug der fughelmuun. Des Guckuks Frühlingsruf benaute den gaukmânaðr. Die Laichzeit und den Fischfang gaben dem fiskemaaned und feskmuun den Namen; die lästigen Fliegen dem vleghenmaen; die färbende Schildlaus dem lûsemaen und ormemaaned.

## 4. Monatnamen nach Geschäften in Feld und Haus.

Dem Hirtenleben entstammen die deutschen winne- oder wunnimânot und der bisemânot, der niederländische wedemaent, der angelsächsische thrimilki, die nordischen ſtecktíð und selmânaðr. Auf den wichtigen Heugewinn gehn hewimânot und maedemônað. Ausserdem können wir die Monate, welche nach Thieren der Herde benant sind, so wie den grasmaend hierzu in Verbindung bringen.

Die Bedeutung des Ackerbaus ist auch aus den Monatnamen stark zu erkennen: vor allem bezeugen sie brâchmânot und aranmânot, an dessen Stelle vielfach August mit dem Begriff Erntemonat trat.

Die Pflugzeit gibt der Ackermonat und Plogen an, die Frühlings- und Herbstsat die ſâdtið und der ſât- oder faemân, die Jätzeit der veódmónað, die Ernte ausser aranmânot und augest der Schnitmonat, die fries. barigtmûn und rispmoanne, nl. bouwmaand und schwed. ſkördemånad. Besondere Fruchtarten treten hervor in rugern, kornſkurðarmânaðr, in ſpeltmaend, in gerstmaend und barleymonth, in haberougst und evenmaend, und in wickenmaen und Bonenmonat. Obsmôn und eckermonat weisen auf Baumfruchtzeiten, der windumemânoth konte zunächst nur für die Rhein- und Moselgegenden und für die Donau Bedeutung haben, doch hat sich der jüngere weinmôn weithin' verbreitet.

Dreschmonat und ſlachtmânt (isl. gormânaðr) weisen auf wichtige Geschäfte in Hof und Haus; gardlagsmánuður bezeichnet die Zeit, wo die Umzäunung in stand zu setzen ist; paumschnaidmonat berüksichtigt die Gartenbäume, witumânot und holzmonat das Waldholz. Die magere Zeit des Landmanns spricht sich im fries. hungermûn aus, die volle in fulmânt und volrât. Auf Anzeichen der Fülle geht wahrscheinlich volborn. Die durch den Schlachtmonat gebrachten Genüsse zeigen fpeckmaen, fmeermaand, roselmaand, mörsûgr an.

# III. Die germanischen Monatnamen in alphabetischer Reihe.

**Aarzelmaend,** *October*, *nl.*, bei *Kilian* aerfelmaend, aerffelmaend, vet. fland. October, sic dictus quod annus tunc praecipue retrogradiatur. bei *de Vrijs u. te Winkel Woordenboek 1, 596* uit aarzelen, in den ouden zin van achteruitgaen, veroudede benaming van den maand october, daar aan outleend dat de dagen in die maand het meest in't oog loopend aarzelen d. i. achteruitgaan of korten. Vgl. sich ārseu, zurückgehn, bei *H. Sachs*, Schmeller 1², 148; *schles.* ārschlich gehn: rückwärts gehn. — *flam.* Herzelmaand.
**Achtmanot,** *October*, cimbr. *Wb. 145.*
**Ackermonat,** *März:* das erst ackermonat und pämfchnaidtmonat, *Tegerns. Kal.* — Vgl. darnauch kompt uns die crafft des mertzen Die dut die pflüge wider uff sterzen, *Dankrotsh.* — Der dritte monde heyst der mereze Vnd macht denne den phlug sterezin, Alzo heyssen yn dy leyen und dy gelarten, Der phlug kan denn das felt karten *Bresl. Monatged.* — *April* das ander ackermonat, *Tegerns. Kal.* Coremans l'année 32 hat akermaand, October.
**Addrattámánudr,** „*September*", mensis necessitatum approbandarum," führen Fabricius Menol. 143 und F. Magnussen Edda III, 1105 als neuisländisch an. Das Wort ist nach Form und Bedeutung bedenklich. — altnord. ádráttr m. fibula frenorum; gratificatio verbalis.
**Adolfmonat,** *August*, nach *Fischarts Practik.* — Der Adolfstag, 29. August. ist schwäbisch und elsässisch Dingtag gewesen. *Weist.* 1, 426. 429. 433. 5, 539.
**Adventmonat,** *December*, nach *Fischarts Practik.*
**Albinmonat,** *März*, nach *Fischarts Practik.* -- Albinstag fällt 1. März.
**Allerheiligenmonat,** *November*, *Tegerns. Kal.*, *Fischart Pract.* — *nrhein.* allerheiligenmaint, *Hymnenkal.*, alreheyligenmaynt, *Teutonista*, allerhilligenmaent, *Brotbeyhel Practica*, allerhilgenmaent, *Wolmar Pract.*, alrehilgenmaint, *Henneberg. Arch. 1, 76.* — *nslor.* vsesvešćak, *kroat.* sisvešćak, Miklosich 24; südsardin. totus sanctus. — Das Allerheiligenfest fällt 1. Nov.
**Andresmonat,** *December*, *Fischart Pract.* — *nrhein.* S. Andreismaint, *Hymnenkal.*, *Henneberg. Arch.* 1, 76. Andreismaent, *Brotbeyhel Pract.*, Andriefzmaent, *Wolmar Pract.* — *sardin.* Santu Andria, *ungrisch* fzent Andras hava. — Andreastag 30. Nov.

**Aprells,** *April, Menolog.* 56. — **Aprelle,** *gl. blas.* 77, *Herm. v. Fritslar, Geschichtfr.* 6, 179. *Klingenb.* Kr. 183. 194. Aprelle, *Geschichtfr.* 6, 179. Aprell, *Serranus.* In Laatsch (Tirol) gilt die Wetterregel: Der Aprell ist des Merzen Gsell (Oswald v. Wolkenstein, her. von B. Weber S. 294). Apprel, *Diefenb. Ngl.* 30 Aprel, *Dasypod.* — Abbrelle, *Klingenb.* Kr. 11. — Abrelle, *gl. Herrad., Parz.* gg. 96, 12. *Geschichtfr.* 7, 175 (1314). 14, 250 (1370). 7, 86 (1410). *Mone* Z. 7, 321. *Klingenb.* Kr. 132. 137. Kopenh. *Kal., Diefenb.* gl. 6. *Ngl.* 40. Wolkenst. CXXIII. 2. Weist. 4, 81. 1, 74. 4, 369. *Grossätti.* — Abrello, *venetian. deutsch.* — Abrell, *Ehing. Spitalb.*, cgm. 32. 397. *Dankrotsh.* — Abrel, *Wolkenst.* CXXII, 4. — Aberelle, *Veldecke* in M. F. 62, 25. *Gotfr. v. Strassb.* (M. S. H. 2, 266). *Lichtenst. Frd.* 417, 27. *Parz.* G. 96, 12. *Geschiehtfr.* 8, 71 (1390). *Zürch. Jahrb.* 58, 11. *Klingenb.* Kr. 134. 197. *Schradin Schwabenkr.* 26. 32 (Geschichtfr. IV.) *Weist.* 4, 309. — Aberell, *Diefenb.* Ngl. 32. cgm. 480. 689. *Schürpff* in Geschichtfr. 8, 184. — Aberille, *Lichtenst. Frd.* 417, 27.

**Abrille,** *Parz.* Dg. 96, 12. cgm. 93. — Abrill, cgm. 75. 223. 430. 4685. Wolkenst. CXXI, 91. — Aprille, *Henneb.* Arch. 1, 76, *Lexer* 8b. — Apprille, *Parz.* d. 96, 12. *Jeroschin, Frankf. Kal. (Roth).* — Apprill, cgm. 700. *Zeninger Anzeiger 1856. Sp.* 261. *Murner.* — Appril, *Pymkal.* 1438. *Gmund. Kal.* 1439. cgm. 867. 4657. — Aprill, *Lacomblet* III. n. 519 (1353). n. 533 (1354). *Diefenb. gl.* 1. cgm. 349. 730. 848. *Lüneb. Kal., Gredinger, Tucher, Tegerns. Kal., Alberus, Serranus.* — April, *Diefenb. Ngl.* 38., cgm. 126, *Strassburg. Kal., Regiomontan., Bresl. Ged., Dasypod.* 1537, *Hymnenkal. flandr. Kal., Teutonista, Luther.* Eprill, *Köditz Ludw.* 15.

**Abrulle,** *Gundacher* 1384. *Parz.* g. 96, 12. *Wiener Urk.* von 1292 (Helwig, Zeitrechn. 2.) — Abrull, cgm. 398. — Abrüll, *Gräzer Kal.,* Huber. — Abrül, cgm. 827.

**Aran, m. f. erne f. die Erntezeit,** von Ende Juni bis August: **1) Juni:** an S. Peders- und Paulstag in der erden *MB.* 25, 17. — **2) Juli:** *Frankf. Kal. (Roth)* als Monatname. — S. Jacobstag in dem aren *Wiener Urk.* v. 1343 (Helwig, Zeitrechn. 7). die ernbeten die uf s. Jacobstag gefelt *Weist.* 5, 497 — Julius ze tütsche howmonet genant, Des fröwet man sich durch alle lant, Vnd aller menglich sihet in gerne, Denn er bringet uns die erne, *Dankrotsh.* — **3) August:** ein tag in dem hewmonat und in der ernt ein tag *Weist.* 1, 791. Petri in der erne, Peters dagh in der erne (1. Aug.) *Kronik d. deutsch. Städte* 6, 62. 65. unser frawen tag in der ern (15. Aug.) *Weist.* 3, 521. zwischen den zweyn unser lieben frawen tagen in der ernd gelegen (15. Aug. — 8. Sept.) ebd. 3, 370. 372. — Zu mittel hornung zu mittel meyge und nach erne, *Weist.* 1, 679. 720. 739.

**Aranmânoth**, *August*, *Einhart v. Karol. c. 29*, *cod. s. gall. 272*, *Stabloer Kal.* aranomanoth *Schletst. Gl.*, *gl. blas. 77.* arnomanoth. *Einh. v. Karol. c. 29. B. 5.* (arnotmanoth 5, 10ᵇ· ᶜ·) arnmonet ebd. 8.ᵇ arnmænt als sächsisch von *Kilian* angeführt, arnmonat als *holstein.* von F. Magnussen III. 1101. arenmaunt, *westfäl.* nach Bebel, Feldweisheit 104. — arnman, *Einhart. v. Kar. c. 29. B. 8* — **Aernimanot,** *gl. Herrad.* ernemanot, *Wiener Gl.* — **Erntemonat,** *Grätzer Kal.* 1579—86. 1773. 1822. *Götting. Mus. Alm.* 1777—1804. *Leipzig. Alm.* 1810. *Alton. Alm.* 1856. *Gust. Adolf Kal. Hinkender Bote. Eutiner Kal.* — Erndemond, *Merkur und deutsch. Mus.* 1781. *Alm. der deutsch. Belletr.*, *Niederrhein. Taschenb.* 1801. — *nserb.* žnojski *Juli*, *oserb.* žnenc, žene, *lith.* pjumones, *August; nslov.* poberuh, *September. Miklosich* 21.

**Augst** m. 1) **Augst,** *Juli, cgm. 93.* — In diesem monde (Julius) uns inftet Dy libe **aust**, wenn man get Das getreyde abefneyden *Breslau. Monatged.* **Der erst augst** *Juli: cgm.* 398. 848. 3384, *Gmunds Kal. Gräzer Kal. Huber.* der erste auste, *Diefenb. gl. 4.* 2) **Ougeste** (schw. m.) *August: MS.* 2, 176. *Geschichtfr.* 5, 250 (1316). *Weist.* 1, 366. — Ougste *Georg* 5856. *Geschichtfr.* 7, 73 (1319). 6, 18 (1359). 1, 325 (1360). 1, 335 (1374). *Vocab. optim.* 47, 13. *Zürch. Jahrb.* 79, 10. 86, 10. *Klingenb. Kal.* 170. *Dankrotsh.* — Aügste, *Suchenw.* 15, 52. *Dillenb. R. Weist.* 4, 82. *Grossätti.* — Eugste, *Iwein d.* 3058. — Ougest vel arnomanoth *gl. o. 116* (Schmeller 1², 54). ougest *gl. blas. Iwein BD. 3058. Freidank ABN. 146, 8. Kopenh. Kal. Myst.* 1, 43. *Weist.* 4, 93. — Augest, *Frankf. Kal. (Roth).* — Oügest *Mone Anz.* 6, 436. Ougst, *Diefenb. gl.* 41. Aügst, *cgm.* 461. Aûgst *cgm.* 730. — Ougst *Ehing. Spitalb. Schradin Schwabenkr.* 57. Augst, *Freidank JO. 146, 8. Ottaker c. 370. Megenberg. Wolkenst. Diefenb.* gl. 75. Ngl. 34. *cgm.* 223. 349. 689. 827. 867. *Tegerns. Kal. Pgmtkal.* v. 1431. Gredinger. *Frankf. Kal.* (Anzeig. 1865 S. 298) *Schradin Schwabenkr.* 56 (Geschichtfr. IV). *Weist.* 1, 739. 4, 634. *Herr Ackerwerk. Dasypod. Fischart Pract. Logau* I. 9, 17. Ogst, *Freidank P. 146, 8. Diefenb.* gl. 32. Ögst, *Geschichtfr.* 5, 60 (1348). oeghst, occhst, *mnl. (de Klerk).* — Owest, *Köditz Ludwig* 86. Ouwist *ebd.* 32. Owest, Iwein A. 3058. *Pass.* K. 637, 43. *Lirländ. Kr.* 9673. *Herm. v. Fritsl.* (Myst. 1, 160). Ouste *(schw. m.) Jeroschin.* Oust, *Renner* 60 67. *Jeroschin.* Owst *Lacomblet* III. n. 66 (1309). Aust, *Hymnenkal.* — Ost, *Diefenb.* Ngl. 38. Oest *Lacombl.* III. n. 117 (1312). Oist *Teutonista.* — Vgl. aust, *Ernte*, Bresl. Monatged., owest, *Ernte*, Berckmann Stralsund. Kronik S. 133.

**Augustmaned**, *August*, *Diefenb.* gl. 1., Augustmonat, *Götting. Mus. Alm.* 1774—76. Augstmonet, *cgm. 75.* Augstmonat, *Strassburg. Kal.* v. 1513. *Rösslins Kal.* v. 1537. *Dasypod. Alberus. Schülins*

Pract., *Herr Ackerwerk. Arentin. Chron., Logan* II. 10, 38. *Christel Zodiacus, Alsat. Taschenb.* 1807. Ougstmont, *Diefenb.* gl. 6. *Augstmondt, Seligenst. Jahrzeitb.* Augstman, *Diefenb. gl. 1. Vocab.* v. 1419 (Schmeller 2, 583). Augstmon *cgm.* 123. 430. 4657. *Pgmkal.* v. 1438. *Zeninger Vocab. v. 1482. Brotbeyhel Practica. Herr Ackerwerk.* Ougstmon, *Murner.* — Augstmonde, *Regiomontan.* 1473. Oogstmaand *nl.*
Owestmande *Jeroschin.* Oustmanoth *c. l. monac.* 4112 (Schmeller 1², 54). Awstmonde, *Bresl. Ged.* Austemaend, *Lacombl.* III. n. 547 (1357). Austmant, *Diefenb. Gl.* 5ᵇ. Austman, *Kalenderpract.* v. 1492. Owstmaen, *Kalenderfragm.* v. 1542. Ouwstmaen, *Schlesw. Kal.* 1609. Ostman, *Diefenb.* gl. 22. 23. Oestmaent. *mnl., cgm.* 126. *Muerlant.* Oesmænt, *flandr. Kal.*
**Der erste august**, *August, Tegerns. Fischb.*, der erst awgst. *Giess. Hs.* 978, der erst awst, *cgm.* 32. — **Der ander augst**, 1) *August, cgm.* 93. 398. 700. 848. 3384. *Giess. Hs.* 978. *Gmunds Kal. Gräzer Kal. Huber.* der andere auste. *Diefenb. gl.* 4. — 2) *September, Megenberg, Diefenb. Ngl.* 34. der ander august, *September, Tegerns. Fischb.*
In den XIII. comuni gibt es drei *Agester*, d. i. August, September, October, *Cimbr. Wb.* 107. — Die Verwendung des Namens August für Juli — September oder October erklärt sich aus der früh ihm gegebenen Bedeutung Ernte (ogest, messis; ogsten, metere, Diutiska 2, 223) die heute noch im niederdeutschen aust fortlebt. Vgl. auch Grimm Wb. 1, 815 und das mlt. augustare. altfranz. aouster,' ernten.
**Augstine** *f.* **Aygsten**, *August, cgm.* 771.
**Ougstine**, *September, cgm.* 558 (Schmeller 1², 54). Ougstin, *Dankrotsh.* Augstin, *Dasypod* 488.ᵈ (1537). Ougsten, *Diefenb.* Ngl. 40. Oegstin, *Dankrotsh.* Ouwestin, *Köditz Ludw.* 40, 61. Owestin. *Herm. v. Fritsl.* (Myst. 1, 195).
**Herbistouwistünne**, f., *September, Köditz Ludw.* 66.
**Barigtmuun**, *Juli, Sylt.* — nordfries. barigt, berigt, bergte: Ernte; berigen, bergen: ernten, Outzen Glossar 21.
**Barleymonth**, *September, engl.* nach *Verstegan* 62; Gerstenmonat. Ueber barley, Gerste, vgl. Fr. Koch, Histor. Grammat. d. engl. Sprache III, 2. S. 4.
**Barigtmuun**, *Januar:* an dem zehenden tage des ersten manodes in dem jare, der da heiffet Barmanoth, *Lucerner Urk.* v. 1323 (Geschichtfr. 1, 71). — Ist ein Lese- oder Schreibfehler anzunemen, so läge zunächst an Järmanoth zu denken, w. z. vgl.
Barnmonth, *August, engl.* nach *Verstegan* 62 am (al. barn)monat, wo übrigens fast nur deutsche Monatnamen zusammengebracht sind. Ist barnmonth richtig, so würde es Scheunenmonat bedeuten, vgl. barn bei Ed. Mueller etymolog. Wörterb. d. engl. Sprache 54.

**Bastianmonat,** *Januar*, nach *Fischart Pract.* — Fabian und Sebastian fällt 20. Januar.

**Bau, Bauet** f. die Zeit der Bebauung der Felder, Schmeller 1, 186. *In der Kornbau:* zur Zeit der Kornsat im Herbst, ebd. Vgl. schwed. *Bäggann* f. skördetid (Dalarne). I bäggannäs: i höstas (förflutentid). I bäggann: till hösten, *Rietz svenskt dialektlexikon* 35. — **Bouwmaend** „*sax. fris. sicambr. Augustus,*" Kilian.

**Baum: Pœmschnaidtmonat,** *März, Tegerns. Kal.* — Im Mertz: die paum peltz ich, lass aus die Reben. *H. Sachs* I, CCCCXXIII.

**Bismânot:** er begunde lüejen als er bi den küejen in dem bismânot waere. *Wolf und Geiss in Grimms Reinh. Fuchs* S. 310. Ungsteiner hirt sol faren mit dem vihe uf die alt Dorkheimer bach in dem biesemonat (Dürkheim a. d. Hart) *Weist.* 1, 785. — Die entsprechenden slov. kimaves, kleinruss. kyven schwanken zwischen August und September, Miklosich 10. Es ist der Monat, wo das Vieh von Hitze und Bremsen gequält, wie toll auf der Weide umherläuft (biset); also wol *August.* Vgl. Freidank 146, 7 der bremen höchgezit zergât, sô der ougest ende hât.

**Blijdemaend,** *Februar*, „sax. sicamb. hilaris mensis ob bacchanalium petulanciam" *Kilian.* — dän. blidemaaned, *in Schonen* blielemånad, bliel, *m.* Schonische Wettersprüche: vänta bårstens te bliel kommer, så få vi nokk annat vär. — Bliel röster sine blär, säges när det snöar i februari. *Rietz svenskt dialectlex.* 40ᵇ. — Gräter Bardenalmanach 1802 nennt den März Blidemonat.

**Blôtmônath,** *November*, „mensis immolationum, quod in eo pecora, quae occisuri erant, diis suis voverent: *Beda de tempor. rat.* c. 13. — *Schwed.* blotmånad, *October.* — Coremans l'année 33 führt einen *bloedmaund* unverbürgt auf. — Als Erklärung des Namens können wir das Fischartsche *Säicopffer* für November benutzen.

**Bloymaen,** *Mai*, *Bordesholm. Kal.* (so ändere ich das floymaen des Druckes). — *nl. flam.* bloeimaand.

**Blumenmonat,** *Mai, Fischart Pract., Frisch* 1, 112ᶜ, *Mahler Müller im Uhr. v. Cossheim, Eutiner Kal.* — *Bloemmaend* „vetus Maius" Kilian. — *fries.* blommemoanne. — Vgl. cech. květen. poln. kwiecien, nsl. cvěten; Mai; kroat. cvitanj, April oder Mai; kleinruss. cviteń, April, Miklosich 3.

**Blütenmond,** *Mai:* Heisst euch vielleicht das Schicksal nur Im Blüthenmond und Rosenmonde lieben, *Boie im Göttinger Alm.* 1774. S. 26. — Bei Musäus und J. Paul wird das Wort in allgemeinerer Bedeutung gebraucht: Grimm, D. Wb. 2, 180.

**Bonenmonat,** *Mai, Fischart Pract.*, nach der Bonenblüte. Ebenso heisst nsl. der Juni bobov cvět, Miklosich 2. — **In der bonenarne:** *September, ditmars., Neocorus* 2, 75. 426.

**Brache** *f. Brachzeit*: in der brache, in der zwibracho, in der herbstfat *Weist.* 3, 546. — **Bracher, Brachacker**: *Juni, Schöpf 52.*

**Brâchot** *m. Juni*, der Monat in welchem die brach gelegenen Felder umgebrochen wurden. — im brachot. *Schreiber Urk. 1, 283* (1231). *Geschichtfr. 10, 38* (1369). *8, 128* (1410). *Zürch. Jahrb. 71, 19. Klingenb. Kr. 96, 214* — ze mittem brachot, *Geschichtfr. 2, 178* (1356). 7, 77 (1357) — vor usgendem brachode *Geschichtfr. 3, 255* (1344) — an dem vierden tage brachodes *Geschichtfr. 7, 71* (1315). an dem 14. tage brachods *ebd. 8, 84 (1402).* an dem ersten tage brachoz *ebd. 5, 182 (1320).* an dem achtzehnden tage brachotz *ebd. 7, 77 (1363).* uf den nünden tag brachotz *ebd. 8, 129 (1414).* an dem 19. tag des manotz brachotz *ebd. 8, 136 (1448).* des monetz brachotz *ebd. 7, 112 (1492).* am IV. tag brachotz *Schürpff (Geschichtfr. 8, 188).* — an dem zwenzigisten tag brachot *Geschichtfr. 8, 85 (1404).* uf den XV. tag brachot *ebd. 129 (1411).* Brachot ist noch bei den venetian. Deutschen üblich. Einen Nomin. **brachoz** scheint eine schwäb. Urk. von 1291 (Schmid, schwäb. Wörterb. 89) zu belegen. — Brächot, *Mon. habsb. I. 3, 103 (Zürich).* — Brauchot *Diefenb. Ngl. 32.* — Brachat *Geschichtfr. 17, 267 (1391). Diefenb. Ngl. 41. Ehing. Spitalb.*, *Schmeller 1, 243*: am ersten tage brachatz *Geschichtfr. 14, 249 (1357).* an dem XI. tag brachatz, *Zürch. Jahrb. 94, 2.* — Brächat, *Konstanz. Kr. 1421.* — Brochat, *Justinger 58. 133* (O. d. Spr. 84).

Brachet, *Zürch. Jahrb. 60, 6. 74, 19. Klingenb. Kr. 34. Geschichtfr. 4, 43. 309. Tschudi 2, 956. cgm. 397. Weist. 1, 843.* — *Stalder 1, 211. Birlinger, alem. Sprache 36. Schmeller 1, 243. Schöpf 52.* —

Brachit: im br. *Geschichtfr. 8, 187.* Brachent (?) *Zürch. Jahrb. 82, 6.*

**Brâchmânoth**, *Juni, Einhart. Kar. c. 29. gl. Vindob. 863.* bracmanoth *Einh. Kar. l. l. (3ᶜ. 9. 10. 11ʰ.) gl. blas.* bracmanoht *cod. gall. 272.* bracmanod *Einh. (Cᵃ.)* brachmanot, *Schletst. Wiener Gl. gl. Herrad. Elisabeth 4355. D. Klingenb. Kr. 67, 86.* brahmanot, *Stabloer Kal.* prachmanot, *Einhart (4ʰ.).* brachmonot, *Kopeph. Kal.* brachmanet, *Weist. 2, 501. 690.* brachmaned, *Diefenb. gl. 1.* brachmanad, *cgm. 349.* prachmaneyd, *Diefenb. Ngl. 34.* brachmonet, *Diefenb. Ngl. 30. cgm. 827. Pgmkal. 1431. Schöpf 52.* brauchmonet, *Dankrotsh.* brouchmonet, *Germ. 8, 108.* brochmonet, *Diefenb. Ngl. 40. Dankrotsh. Grossätti.* brachmonat, *Diefenb. gl. 75. cgm. 8685. Tegerns. Kal. Dasypod. Herr Ackerwerk. Fischart. Schülins Pract. Gräz. Kal. Weist. 2, 430. Christel Zodiacus. Wolf lexic. Frisch 1, 123. Schlegel poet. Taschenb. 1806. Alsat. Taschenb. 1807. Leipzig. Alm. 1810. Alton. Alm. 1857. Gust. Adolf Kal. Hinkender Bot.* brochmonat, *Weist. 1, 409.* Brachmant, *Elisabeth 4355. Rothe (Germ. 6, 47). Frankf. Kal. (Roth). Diefenb. gl. 5ʰ.* brachmand, *Elisab. 4355. a. Tucher.*

braekmaend, *Kilian.*[1] braemmaent, *Kal. v. 1486.* braemmaynd, *Lacombl. III. n. 617 (1361).* bramaend, *ebd. S. 485 (1358).* bramaint, *Hymnenkal. Henneberg. Arch.* bramaynt, *Teutonista.* — brachmont, *Anzeiger 1857. Sp. 262. Diefenb. gl. 17.* prachmont, *cgm. 461.* prachmond, *cgm. 430. Diefenb. gl. 75.* brachmond, *D. Mus. D. Merkur 1781. Alm. d. Belletr. 1782.* brochmont, *Mone Anz. 6, 436.* zu brochmonde, *Weist. 5, 489.* — Brachmande, *Herm. v. Fritsl. (Myst. 1, 133). Köditz Ludw. 44.* braechmaende, *Dillenb. R.* brachmonde, *Jeroschin. cgm. 75. Regiomontan 1473. Zeninger vocab.* brochmonde: der brochmonde her och heyst Von dem roczigen gebawer allermeyst Sy reyssen denne das felt umme Dy lenge und och dy kromme Vnd machens bequeme czu der czeyt *Bresl. Monatged.* Bracmane, *Gl. zu Sachsensp. III, 82.*
Bracman, *Einhart. Kar. c. 29 (B. 8).* brachman, *cgm. 867.* prachman, *cgm. 730. 771. 4657.* brakman, *Lüneb. Kal. 1480.* brackman, *Diefenb. gl. 22. Ngl. 38. Kalenderpract. 1492.* braekmaen, *Lübeck. Kal. 1491. Pract. 1518. Schapherders Kal. 1523. Bordesholm. Kal. Schlesw. Kal. 1609.* — brachmon, *Diefenb. gl. 4. cgm. 123. Nürnberg. Kal. 1438. Grill.* prachmon, *Megenberg 88, 14. cgm. 223. 730.* prochmon, *Gredinger.*
Prauchmon, *Juli*, *cgm. 32.*
Vgl. nsl. prašnik, nserb. smaski, lith. pudimo menů, lett. papues mēnesis, Miklosich 19.

**Brigldemonat**, *Februar*, *Fischart Pract.* — Brigida Jungfrau: 1. Febr.

**Bryllepsmaun**, *November*, *Sylt.* — Ueber den Winteranfang als altgermanische Brautlaufzeit vgl. meine deutsch. Frauen im Mittelalter. S. 246.

**Christmaned**, *December*, *Diefenb. gl. 1.* Christmaaned, *dän.* Christmonet, *Grossätti.* Christmonat, *Tegerns. Kal. Dasypod. Maaler. Frischlin. Rösslin. Albertus. Schülins Pract. Fischart. Gräzer Kal. 1579 ff. Henisch. Geschichtfr. 18, 92. Christel Zodiac. Wolf Lexic. Frisch 1, 168. Götting. Alm. 1774 ff. Schlegel Taschenb. 1806. Alsat. Taschenb. 1807. Leipzig. Alm. 1810. Alton. Alm. 1857. Gust. Adolf Kal. Eutin. Kal.* Christmant, *Diefenb. gl. 5.* Kerstmaend, *Kilian.* Cristmont, *cgm. 461.* — Cristmondo, *Regiomontan. 1473. cgm. 75.* Christmond, *Alm. d. deutsch. Belletrist.* — Christman, *Kalenderpract. 1492.* Cristman, *Lüneb. Kal.* Christmaen, *Lübeck. Pract. 1519. Kalenderfragm. 1542. Schlesw. Kal. 1609. Fragm. eines pommer. Kal. o. J.* Cristmaen, *Schapherders Kal. 1523.* Christmon, *cgm. 32. 223. 430.* Cristmon, *cgm. 123. 4657.*

---

1) Hoeufft führt im Taalk. Magaz. braakmaand unter October auf, wie F. Magnussen Edda III. 1109 breekmaend. Wir haben beide Angaben bis weiter misstrauisch zu betrachten.

Cristmon, *Januar*, Gmunds immerwähr. Kal. 1439.
Vgl. kroat. božićni, oserb. hodovnik, nsl. vienahtnik, December;
nsl. mali božićnjak, Januar. Miklosich 22.

**Dieboltmonat**, *Juli*, *Fischart Pract.* — Theobald, 1. Juli.
Diuremaaned, Dyrrej, *Februar*, führt F. Magnussen Edda III, 1059
als altdänisch auf. Sehr bedenklich.
Dorremaend, *cimbr. Martius*, qu. d. aridus mensis, ob victus in quadragesimali tempore asperitatem ac tenuitatem, *Kilian*, von ihm aus
dem dänischen thor, tormaaned gebildet. Coremans l'année hat einen
Thormaand gemacht. asl. suhyj, nsl. sušec, kroat. sušac Miklosich 17.
**Dörrmonat**, *März*, „wenn man die Wölff verbrennt und henkt,"
*Fischart*.

**Dreschmonat**, *Januar, Tegerns. Kal.* — Jenner: Auch haiss ich
treschen das korn auss, Sunst frisst es auss der garb die Mauss,
*H. Sachs* I, CCCCXXII rw. — serb. młośny, November; esthn.
rehheku, October, Miklosich 19.

**Eckermonat**, *November*, Seligenstätter Jahrzeitbuch v. 1516. — Vgl.
auch S. Michaelstag In äckernzeiten, *Weist.* 5, 662 (Rheinpfalz). —
Um Mariae Geburt wurden die Buch- und Eichwälder besichtigt und
darnach die Mastung in den Wäldern eingerichtet: Wald-Forst und
Jagdlexicon S. 11. — Coremans S. 32 führt Eikelmaand als Name
des Octobers an.

**Eggtlð**, *f. Mai*, *altisl.* *(Sn. E.)* *und neuisl.* — **Eiertild, Eiermuun**,
*Mai*, *Sylt*. — Coremans S. 19 nennt den April Eiernaand.

**Einmânaðr**, *altn. (Sn. E.) neuisl.* **einmánuður**, *März.* Einm. und Harpa
sind Kinder von Thorri und Goa; Einmanudr wird am ersten Morgen
seines Monats von den jungen Männern begrüsst (vgl. Goa, Harpa,
Thorri), Jon Arnason, isl. thiodsög. II, 572 f. Zu dem einmânaðr
steht der tvimânaðr, August, in deutlicher Beziehung: der Einzelmonat zum Doppelmonat. Der Grund dieser Namen ist mir dunkel.

**Eismonat**, *Januar*, *Chorion nach Scherz 298. Deutsch. Mus. Teutsch.
Merk. 1782. Musäus. J. Paul. Leipzig. Alm. f. Frauenz. 1810.
Allgem. Nationalkal. (Gräz. 1822).* — Eismond, *Niederrhein.
Taschenb. 1801.* — Bei Steinbach, Frisch, Adelung fehlt das Wort.
— Fabricius Menolog. 144 und F. Magnussen Edda III, 1049 führen
ein dän. ismaaned auf; Coremans S. 11 hat ijsmaand. — Vgl. cech.
leden, Miklosich 14.

**Eosturmonath** vgl. Ostarmanot.

**Erne** vgl. aran.

**Eselmonat**, *Mai*, „wenn die Walchen die Esel zum Tanz bekränzen"
*Fischart*. — Noch üblich in Südtirol, mit der Erklärung, weil in
diesem heissen Monat nur Esel sich begatten.

**Evenmaent**, *September*, *Vocab. Loran.* (*Hor. Belg.* 7, 19). *Kal. r. 1486*. *Wolmar Practica.* — evennaend, *sicambr. j. gerstmaend, september, Kilian.* — evenmaint, *Hymnenkal.* — Nach Diut. 2, 225ᵃ wäre evenmant *november*, ebenso in Kausler Reimkr. 9301. 10053 evenmaent. September ist wol als der neunte Monat hier missverstanden.

**Faaremaaned**, *April*, *dänisch*. Fischart hat **Farrenmonat** daraus gemacht. Dän. faaret, das Schaf. — Acht Tage vor oder nach S. Walpertag war der Lämmerzehnten fällig. Weist. 2, 148: in fente Walpurgen dage is de lemmer tegede verdenet, Sachsensp. II. 58, 2. — Czu leczte her (der April) geduldig wirt, Das man denne dy schoffe schyrt. Man slet dy czeckel und dy lemelein, Czu essen sy denne gesunt seyn. *Bresl. Monatged.*

**Fabianman**, *Januar*, nach Fischarts Pract. — Fabian Sebastian, 20. Januar, ein Losstag gleich den benachbarten Vincenz und Pauli Bekerung.

Fahrmanat bringt *Coremans* l'année S. 19 zu stande, als Uebersetzung eines mlat. mensis carrei, quo carris exportari licet, unter Verweisung auf Du Cange s. mensis.

**Falemaen**, *März*, *Bordesholm. Kal.* F. Magn. Edda III. 1065 kennt ein holstein. Fahlem., Fohlemonat. — Chorion **Füllnmonat**.

**Fardagamánuðr**, *Mai*, „mensis migrationum legalis" isländ. nach Fabricius Menol. 143 und F. Magnussen III. 1074.

**Fassnachtman, Fronfastmonat**, *Februar*, nach *Fischart*. — **Föstulnngangsmánuðr** haben Hickes gramm. anglos. 216, Fabricius Menol. 143 u. F. Magnussen III. 1059. — lett. gaveňu menesis, März, Miklosich 24.

**Febrer**, *Februar*, *Tucher Baumeisterb.*

**Feskmuun**, *April*, *nordfries.*, *Sylt*. — **Fiskemaaned**, *September*, *dänisch*. An den norwegischen Küsten bezeichnet **Fiskja** die Fischzeit von Ende Januar bis in den März.

**Fimfto**, *Quintillus, mensis quem iunium vocant, Paris. Gl. Diut. 1, 270.*

Finkenmonat, *September*, als holstein. von F. Magnussen III, 1105 angeführt.

**Flachs**: in dem jare uf die zit alse die frouwen phlegin flachs zu roufene, *Köditz Ludwig 97*. — Im *Augstmon*: den flachs und bössmitz zeuch auch aus, Riffel jn vnd mach püschel drauss, *H. Sachs I, CCCCXXIV*. — Bartholome muss der Flachs bei Strafe durch Frau Harke eingebracht sein, Kuhn und Schwarz, Norddeutsche Sagen S. 100. Die **Flachssaat** fällt in den Mai. Deutsche Wirthschaftsregel: Säe Flachs und Hanf Urbani. Im südl. Halland heisst der Mittwoch vor Urbani **to-onsdag** Flachsmitwoch: von to-tone, tonad: lin eller hampa: då man bör så lin, Rietz svenskt dialektlexik. 742ᵇ.

**Vleghenmaen**, *August*, *Bordesholm. Kal.*

**Foarjlersmoanne**, *März*, *Epkema 122*. — foarjier: Vorjahr, Frühjahr.

**Fosmaen**, *Februar*, *Bordesholm*. *Kal.* — Im Februar wird die Füchsin läufisch. Die Fuchsjagd schliesst deshalb zu Lichtmess: Wald - Forstund Jagdlexik. 3. 12.

**Frermånaðr** *isl.* (Sn. E.). *neuisl.* **frermánuður**, *November*. Vrijmaand, Vrouwenmaand, *Mai*, erfindet Coremans l'année S. 21. **Frülingmonat**, *März*, *Fischart Pract.* — **Frülingsmonat**, *April*, *Stieler*, *Leipziger Alm. 1810. Kalend. d. Gust. Adolfverein.* — Frühlingsmond, *April*, *J. G. Jacobi. Kar. v. Wolzogen Schillers Leben 122* (1851).

**Fügbelmuun**, *October*, *Sylt*. — Von Aegidy bis etliche Wochen nach Michaelis löhnt sich nun der Vogelfang am reichlichsten: Wald-Forst- und Jagdlexik. S. 12.

Fulmonet, vgl. Vul. — Fülliumonat vgl. Falemaen.

**Gardlagsmánuður**, *September*, *neuisländ.*, *Jon Sigurds. Alm. um 1869.*

**Gaukmånaðr**, *isl.* (Sn. E.), **gaukmánuður**, *neuisl.*, *April* (neuisl. 21 $\frac{April}{Mai}$).

— *Fischart* hat **Gauchmonat**, April. — S. Walpurgentag, da der gauch guchzet, *Weist. 1, 524*. In Westergotland (Elfsborgslän) und Småland (Oestbo) heisst der 25. April **gökedagen**, weil sich der Gukuk um diese Zeit zuerst hören lässt, Rietz svensk. dialectlex. 189ª. — *H. Sachs* I. CCCCXXIII sagt schon vom März: Guckguck des summers bot kumpt jezt. — lith. schwankt der Name gegužis, gegužinis menū zwischen April und Mai, Miklosich 12.

**Gersmoanne** v. grasmaend.

**Gherstmaend**, *September*, *Kilian.* — uscrb. jacmeński, August, Miklosich 3.

**Glugmaaned**, *Januar*, *dänisch.* — *Kilian* hat ein cimbrisches klughmaend daraus gemacht, *Fischart* einen Klugmonat. — F. Magnussen und J. Grimm leiteten den Namen von altn. gluggr (dän. schon. glugg, glug) Fenster; F. Magn. III. 1049 sagt: forte propter solis fenestras vel portas jam reclusas; J. Grimm bei Haupt Z. 7, 465 deutete aus dem Eingang oder dem Fenster des Jahrs. Die wahrscheinlich richtige Erklärung gab Rietz in seinem svenskt dialectlexikon S. 201ª „ordet kommer af fn. glugg el. glygg (n.) vind och betekuar vindmånad, den månad, då den kalla vinden herskar." Ueber glygg, Wind, vgl. Egilsson Lex. poet. S. 254. Ich schliesse mich dieser Deutung an; auch M. de Vries hat brieflich gegen mich dieselbe Deutung ausgesprochen.

**Gól**, *f.*, *islánd.*, **Gjö** *norw.*, **Göja**, **Gölemånad** *schwed.*, **Göje** *dänisch*, **Gyje** *schonisch*, *Februar* (eigentlich 21. $\frac{Febr.}{März}$). Gräter im Bardenalmanach für 1802 hat einen Goyemonat daraus gemacht. — In Schonen lebt eine Frau Gyja als Wetter- oder Schneegöttin in dem Spruch bei Schneetreiben: i da rister Gyja sin skinnkjortel, Rietz dialectlex. 232ᵇ. Auf Island ist Frau Goa die Patronin des Februar, wie Þorri den Januar, Einmanuðr den März und Harpa den April beherrschen. Die beiden lezteren sind die Kinder von Thorri und Goa. Am ersten Morgen der Goa traten auf Island die Hausfrauen in aller frühe, sehr leicht bekleidet, an das Thor des Hofes, öffneten es, hüpften um das ganze Gehöft dreimal herum und luden die Goa herein, indem sie sprachen: Komm herein liebe Goa, komm herein in den Hof, Bleib nicht draussen im Wind, an dem langen Lenztag! — Sie hatten am selben Tage ihre Nachbarinnen zu einem Schmause bei sich versammelt. Vgl. Jon Arnason, isl. thioðsög. ok aefintyr 2, 572 f. Vgl. auch Thorri, Einmanuðr, Harpa. — Nach der alten Sage (Fornaldar sög. II, 1. 17. Flateyj. I. 21. 219) war Goi Tochter des König Thorri und Schwester von Norr und Gorr. Goi verschwand und Thorri opferte einen Monat später als er gewont war zu opfern „ok kölludu þeir sidan þann mânað er þâ höfz Gói." Norr und Gorr suchten die Schwester und fanden sie bei Rolfr i bergi, der sie geraubt hatte. — Der Name bedeutet die offene, auftbauende: Stamm gu vgl. giwén gewón, hiare.

**Gormânaðr,** *altisl. (Sn. E.), neuisl.* gormánudur, *October;* von altn. norweg. altschwed. gor, altdän. gur: der Inhalt der beim schlachten ausgeweideten Därme. — gormânaðr ist also gleich Schlachtmonat.

**Gorsmoanne** v. grasmaend.

**Gras:** bi grase, formelhafter Ausdruck für *im Sommer*, Gegensatz bi strö: dat ene richt bi grase, dat ander bi stro *Ehrentraut Archiv 1, 464.* twe vorderunge, ene bi stro, ene bi grase *Weist. 3, 31 vgl. ebd. 3, 190. 223.* zweimal des jars godink, eins bei grase und eins bei stro, bei grase den dinstach nach trinitatis, bei stro den dinkstach nach Pauli eremitae, *Weist. 3, 130.* — mit laub und gras = zwischen S. Jeorgentag und S. Martinstag, *Weist. 5, 670.*

**Grasmaend,** *April, Kilian* mit dem Beisatz *vetus*. Indessen ist **grasmaand** noch heute in den Niederlanden für April bekant. In Vlaamland kommt, wenn auch selten, **Gerzemaand** vor. In holländ. Friesland **gerzmoanne, gorsmoanne,** *Epkema 166.* Der Eutiner Kalender hat **Grasmonat** für April. Slavisch schwankt der Name zwischen April bis Juni: nsl. mali traven, serb. travanj *April*, asl. traven, nsl. velki traven, kroat. travan, klruss. traveń, cech. tráven *Mai*, mähr. slovak. tráven *Juni*.

Gro, grogrö, führt F. Magnussen Edda III. 1080 als norweg. Namen des Mai auf. — Gro, pl. Grö heisst: Wachsthum, namentl. auch das Frühlingsgras: Aasen 148. 150. Vgl. altn. gróðr.

**Haberougst,** *September, Ehinger Spitalb.* — In der Angabe S. Jacobstag **in dem hawersnit** *Heiligenkreuz. Urk. II. n. 195 (a. 1347)* bezeichnet hawersnit den *Juli*, da der Tag des Jacobus maior apostolus, nach dem datirt zu werden pflegt, den 25. Juli fällt, und die Haberernte in Niederösterreich nicht selten schon Ende Juli beginnt.

**Hagmena**, *December*, nach Brockett glossary of northcountry words 89 Entstellt aus hâlegmónađ.

**Hanf**: im **hanffluchet**, *September:* in der ern und ime houwet und im hanffluchet *Weist. 1, 419* (Ortenau). *H. Sachs* I. CCCCXXIV sagt bei dem *Herbstmon*: Raiff den hanff und trisch in auss, Röst in und mach kloben drauss. — . Der poln. październik, klruss. pazdernyk, *October*, ist auf die Flachs- und Hanfagen bezogen worden; indessen erhebt Miklosich 15 Bedenken, ob der Name von pazder, die Agen, oder nicht eher von pazdernik, kalter Wind, stamme.

**Harpa**, f., *April*, (21. $\frac{April}{Mai}$), *neuisländ.* — Nach isländ. Sage ist Harpa die Tochter von Thorri und Goa und wird von den jungen Mädchen an ihrem ersten Tage ebenso begrüsst und gefeiert, wie Thorri von den Hausvätern, Goa von den Hausfrauen und Einmanudr von den jungen Burschen. Jon Arnason, isl. þiodtög. II. 572 f. — Schwedisch bedeutet harpa: gammal ful kärring; kärring som pratar mycket; trollpacka, Rietz dialectlex. 245[b]. Der Name hängt wol zusammen mit dem schwed. erhaltenen harp: stramm, steif sein; harpa zusammendrücken.

**Hartmonat**: *November, December, Januar*[1] theilen sich in den Namen, der von der harten Winterzeit (hartman, austerus, Diut. 2, 202), im besondern von der harten Erddecke oder auch dem Schneeharst, benant ist.

1) **Hartman**, *November*, cgm. *223.* hartmon *cgm. 430.*
2) **Hertlmânoth**, *December, gl. blas.*, hertimanot, *Münch. Wien. Gl.*, hertemanot, *gl. Herrad.*, hertmonot, *Kopenhag. Kal.* — hartmanet, *Diefenb. gl. 12*, hartmonet, *Dankrotsh.*, hartmonat, *Bib. v. 1483* (*Frisch 1, 419.*ᵃ). — Hartmonde: der hartmonde ist her genant Von den gebawren alzuhant. Herte frost pflegt denn czu seyn, Dovon kumt man in grosse peyn, *Bresl. Ged.* — Hartman, *Zeninger vocab.*, hartmon, *Casseler Hs. von 1445 (G.d. Spr. 85).*
3) **Hartmonat**, *Januar, Limburg. Kr. 70.* — Hartmande, *Herm. v. Fritsl. (Myst. 1, 45)*, hartmænde, *Dillenburg. R.*, nach *Arnoldi Miscell. 1798. S. 6* auch in einer Urk. von 1363. — hartmont, *Frankf. Kal. (Anzeig. 1865, 259)* — herdemant, *Diefenb. Gl. 109* (*Kilian* führt als sächs. sicambr. herdmaend auf). hardemant, *Hymnenkal.*, hardemaent, *Köln. Kr. (Scherz 618);* in dem harden maynde *Lacombl. III. n. 889 (1385).* hardtmaynt, *Teutonista.* hardtmaent, *Kal. v. 1486.* hartmaent, *Köln. Kr., Brotbeyhel Practica, Scherz 618., Grimm Gd. Spr. 618.* harmant, *Diefenb. gl. 5.*ᵇ — Hartman, *Weist. 3, 381.* — hardeman, *Pommersche Diätet. (Balt. Stud. 19, 50.)*

---

1) Nach Haltaus Calendar. und Brem. Wörterb. 2, 60 hiesse auch der Februar hardeman. Der Alman. der deutschen Belletrist. hat daraus sein Hartmond für Februar entlehnt.

*Lübeck. Kal. r. 1494;* hardemaen, *Diefenb. Gl. 109. Bordesholm. Kal., Lübeck. Pract. r. 1518, Rostock. Schapherderkal. 1523. Wichmanns Fragm. 1527. Heldvaders Pract. 1609.* — Der Januar heisst noch in Oberhessen, auf dem Westerwald, und im Kölner Lande **Hartmond**: *Vilmar kurhess. Idiot. 152. Kehrein Volkssp. in Nassau 187;* im westfälischen Sauerlande **Harremond**: *Woeste Volksüberlief. 60. Zeitschr. f. Mythol. 1, 388;* in Niederhessen **Bruder Hartman**: nach *Grimm G.d. Spr. 87.* — Vgl. lett. scrsnu mēnesis Schneeharstmonat, Miklosich 18. Der sl. gruden, der sich wie Hartmonat über November — Januar vertheilt, bedeutet Schollenmonat, Miklosich 34.

**Hasenmaen**, *December, Bordesholm. Kal.*

**Haustarmânaðr,** *neuisl.* **haustmánuður,** *September, schwed.* **höstmånad.** *Norweg.* werden *August* und *September* **haustmoanar** genannt, *Aasen Ordbog. 161; dänisch* heisst der *August* **höstmaaned,** indem nach altskandinav. Rechnung haustartimi i Augustomànaði beginnt, *Stjorn 14,* im Anschluss an den Bauernkalender, dessen Herbstanfang den 11. oder 25. August (Bartholomäi) fällt, vgl. meine deutsche Jahrtheilung 8. — *Norw.* **haustvinna,** die Zeit der Kornernte im September. — S. auch Herbst.

**Heilagmânoth,** *December, Einhart v. Kar. c. 29, S. Galler Hs. 272, Wiener. Schletst. Gl.,* heilacmanoth *Stabloer Kal.* heilagamanoth *Einhart. l. l. B. 3.*[b] *4.* helagmanoth *Einhart. l. l. 11.*[b] *C.*[a] heiligmonet *ebd. 8.*[b] heligman *ebd. B. 8.* — Auf Karl d. Gr. führt *Kilian* sein heylighmaend zurück. *Fischart Pract.* hat heiligmonat.

**Hâlegmônath,** *September,* mensis sacrorum, *Beda de tempor. rat. c. 13.* hâllgmônað, fvâ hit foregleáve ealde úðvitan æror fundon Menolog. 165. — *Der Stabloer Kal.* führt als ags. Septembernamen belagmanoth auf, umgefrankt aus halegmonath.

**Halegmonat,** *November, cimbr. Wb. 128* ist als Kürzung von Allerheiligenmonat zu nemen.

**Herbest,** *m..* 1) *September, Kopenhag. Kal.,* herbst, *cgm. 4615. Huber, Klingenb. Kr. 13.* — in dem hewmonat, in der erne und im herbst, *Mone Zeitschr. 6, 391.* an S. Chungunt tag in dem herpst *MB. XXIX. 2, 537* (1281). an unser fröwen tag zu herbste *Geschichtfr. 5, 60* (1348). an des heiligen crüzes tag ze herbste, *Geschichtfr. 7, 71* (1314) uf des hellgen crützes tag am herpst *ebd. 4, 312* (1514). am sunnendag naechst vor ingendem herbst *ebd. 14, 257* (29. Aug. 1428). **Der erst herbst,** *September, Diefenb. Ngl. 32. cgm. 93. 398. 700. 730. Grüzer Kal.,* der erst heribst, *cgm. 349.* 2) **Herbst,** *October, Frankf. Kal. (Anzeiger 1865, 299).* **herfst,** *Niederrhein Kal. (Henneberg. Arch.).* — *Tirol.* Herbst = Oktober, *Schöpf 260.* — am herpst um S. Gallen tag, *Klingenb. Kr. 169.* **Der ander herbst,** *October, Klingenb. Kr. 343. Diefenb. Ngl. 32.*

*cgm. 93. 398. 480. 700. 730. 771. Gräzer Kal.*, *Huber*, der ander herbst, *Giess. Hs. 978.*

3) **Herbst**, *November:* S. Mertyns dach in dem herwist, *Lacombl. III. n. 416 (1344),* an dem herbst an dem nehsten mitwochen nach S. Martins tag, *Weist. 4, 496.* **Der ander herbst**, *November, cgm. 32.* **Der drit herbst,** *Norember, Diefenb. Ngl. 32. cgm. 349. 730.* **Uberherbst**, *September, Tegerns. Kal.* **Herbistmânoth,** 1) *September, gl. blas.,* **herbesmanoth,** *Münch. Wien. Gl.*, herbistmanot, *gl. Herrad.* herbstmanat, *Diefenb. Ngl. 41.* herbstmonet, *Einhart. r. Karol. c. 29. (8.*b*). Diefenb. Ngl. 30. Grossätti.* herbstmonat, *Tegerns. Kal., Dasypod., Gräzer Kal., Oberbair. Arch. 25, 284. Herr Ackerwerk, Alberus, Seligenstatt. Jahrzeitb., Schülins Pract., Frisch 1, 444*, Wolf Lexic., Götting. Mus. Alm. 1774 — 1804, Kal. d. Musen u. Grazien, Schlegel Taschenb. 1806, Alsat. Taschenb. 1807, Hinkender Bot.* hearfestmônad, ags. für das ältere hâlegmônad. — Hirbistmont, *Diefenb. gl. 5.*b Herbstmond, *Deutsch. Mus. Teutsch. Merk. 1781. Alm. d. Belletr. 1782. Niederrhein. Taschenb. 1801* — Herfstmaynt, *Teutonista,* herfstmaend, *Kilian, nl.* herfstmaand, *nd.* herwestmând, *Schambach 81.* — Herbismande, *Jeroschin,* herbstmonde, *cgm. 75. Regiomontan 1473.* — Herbstman, *cgm. 771. 4657;* herbstmon, *cgm. 123. 223. 430. 461. 867, Nürnberg. Kal. 1438, Gredinger, Murner, Sachs.* berfstmon, *Brotbeyhel Practica,* Hervestman, *Diefenb. Ngl. 37. Lüneb. Kal.,* herwstman, *Pract. 1492,* hervestmaen, *Pommer. Diätet., Lübeck. Kal. u. Pract., Schapherders Kal. 1523, Rostock. Fragm. 1525;* harvestmaen, *Bordesholm. Kal.* Hearstmoanne, *Epkema 198.*

2) **Herbstmanat**, *October, cgm. 397*, herbstmaneyd. *Diefenb. Ngl. 34.* herbestmonet, *Diefenb. Ngl. 40. Dankrotsh.* herbstmonet, *Weist. 3, 334.* herbstmont, *Mone Anz. 6, 436.* herbstmant, *Frankf. Kal. (Roth). Diefenb. gl. 41,* herstmaent, *cgm. 126* — herbestmnande, *Herm. v. Fritsl. (Myst. 1, 213),* herbstmaende, *Dillenburg. R.,* herbestmonde, *Bresl. Ged.* — herbestman, *Diefenb. Ngl. 34,* herbstmon, *Ehing. Spitalb.*

3) **Herblstmanoth**, *November, Einhart. r. Kar. c. 29.* heribistmanoth, *ebd. (B. 1. 2). Wien. Schletst. Gl.* — herivistmanoht, *S. Gall. Hs. 272.* hervistmanoth, *Einh. l. l. (7.).* hervistmanod, *(U.*3*).* hervestman, *ebd. (B. 8.).* herdismanoth, *Stabloer Kal.* — Herbstmonat, *Frisch 1, 444.*

**Der erste herbstmanot,** *September, Geschichtfr. 11, 107 (1273). 1, 333 (1371). 8, 95 (1426) Klingenb. Kr. 342.* der erste herbstmanet, *Mon. Habsb. I. 3, 621 (1475)* — herbstmonet, *Geschichtfr. 6, 176. Pgmkal. 1431.* — monat, *Zürch. Jahrb. 75, 17. Klingenb. Kr. 354. Geschichtfr. 7, 98. Giess. Hs. 978. Strassb. Kal. 1513*

herbstman, *Diefenb. gl. 4.* der erst herbstman, *cgm. 848* — heribstman, *cgm. 3384* — herbstmon, *Diefenb. gl. 75. Gmunds Kal.* — Der erst herbstmon, *October, Augsb. Kal. 1477 (Schmeller 2, 235).*
**Der ander herbistmanot,** *October, Martina 89, 42* — monot. *Kopenh. Kal.* — monet, *Pgmkal. 1431.* — monat, *Strassb. Kal. 1513.* Der andere herbstman, *Diefenb. Gl. 4.* — herbstmon, *Diefenb. gl. 75. cgm. 848. 3384.* — Der ander herbstman, *November, Tegerns. Fischb.* — herbstmon, *Augsb. Kal. 1477 (Schmeller 2, 235).*
**Der dritt herbistmanot,** *November, Martina 89, 42* — monot, *Kopenh. Kal.* — monat, *Strassb. Kal. 1513.* — man, *cgm. 771.* Der dritte herbstmonet, *Pgmkal. 1431.*
**Herzelmaand** f. Aarzelmaend.
**Heuwet,** *m., Juli, Geschichtfr. 4, 45.* **heuet,** *Mualer.* höwet, *Diefenb. Ngl. 32.* höwat, *Habsburg. Urbar. 260, 22. MB. XXXIII,* 545. Klingenb. Kr. 99. Constanz. Chron. 1369.* howet, *Geschichtfr. 4, 48.* houwet, *Weist. 1, 419.* howacz, *Admont. Vocab. (Altd. Blätter 2, 197).* houwots, *Böhmer Reg. 3801 (1240).* höbiot, *cimbr. Wb. 131.* Ausser bei den venet. Deutschen ist diese einfache Form des Monatnamen erloschen; für Heuernte aber lebt Heuet, Heuget noch fort, Schmeller 2, 133. Schöpf 263. Stalder 2, 41.

Als allgemeine Bezeichnungen der Heuzeit und also des Juli vgl. ze afterhalme und **houwe,** *Weist. 1, 673. 679.* in der **howarne** edder in houwman, *Neocorus 2, 315.*

**Hewimânoth,** *Juli, Einhart v. Karol. c. 29. S. Galler Hs. 272. Wiener Hs. 863. Stabloer Kal.* heumanoth, *Einhart. c. 29 (B. 3.*[b]*).* hewmanot, *ebd. (4.*[b]*), Geschichtfr. 7, 76.* heumaned, *Diefenb. gl. 1.* hewmanad, *cgm. 349.* hewmancyd, *Diefenb. Ngl. 34.* heumonet, *Einh. c. 29 (8.*[b]*). Diefenb. Ngl. 30. Tegerns. Fischb. Grossätti.* hewmonet, *Pgmkal. 1431* — moned, *cgm. 75.* heumonat, *Diefenb. gl. 75, Gräzer Kal., Dasypod, Schülins Pract., Serranus* (für Juli und August), *H. Sachs, Christel Zodiac., Schlegel Alm. 1806, Alsat. Taschenb. 1807, Leipzig. Alm. 1810, Hinkender Bot.* hewmonat, *Rösslin, Herr Ackerwerk, Alberus.* häwmonat, *Fischart Pract.* heimonat, *Tegerns. Kal.* heumont, *Frankf. Kal., Diefenb. gl, 41.* hewmond, *Pgmkal.* ÿ. heumond, *Deutsch. Mus., Teutsch. Merk. 1781, Alm. d. deutsch. Belletr. 1782.* heumant, *Weist. 2, 325 (1315).* hewmant, *Lacombl. III. n. 784 (1376).* heumaint, *Hymnenkal.* heymant, *cgm. 4657.* heumande, *Jeroschin, Köditz Ludw. 24. 35.* hâwmaende, *Dillenburg. R.* bewmonde, *Zeninger, Regiomontan, Bresl. Ged.* heuman, *Einh. v. Kar. c. 29 (B. 8).* heyman, *cgm. 771.* hewmon, *cgm. 123. 430. 461. Nürnberg. Kal. v. 1438. Gredinger. Murner. Grill. Wolf Lexik.* heymon, *cgm. 867. 4685.* haeymoanne, *Epkema 194.* — **Howimânoth,** *Einhart. c. 29 (9).* hovimanoth, *Schletst. Gl.* howemanoth, *Einh. l. l. (B. 4).*

gl. blas. howemanot, Wien. Gl. howemonot, Kopenhag. Kal. (höwetmonet), Diefenb. Gl. 40. hauwemaeud, Weist. 2, 353. — houmanoth, Einh. l. l. (10.ᵇ). houmanot, gl. Herrad. howmonet, Dankrotsh. hawmant, Diefenb. Gl. 5.ᵇ houmande, Jeroschin, houmonde, Herm. v. Fritsl. (Myst. 1, 152). houman, Kalenderpract. 1492. Neocorus. howmaen, Bordesholm. Kal., Rostock. Kal. r. 1523. homan, cgm. 480. — höwmanot, Klingenb. Kr. 119. 314. hoewmanot, Geschichtfr. 18, 175 (1379). 8, 90 (1423). hôwmânot, Geschichtfr. 6, 24 (1393 rgl. Facsim.). höuwmonet, ebd. 6, 176. höumont, Mone Z. 6, 436. höwmaen, Schlesw. Kal. hoimanod, Zellweger (Grimm G.d. Spr. 85). hoimant, Diut. 2, 220.ᵃ hoymant, Rostock. Kal. v. 1523. hoeymaynt, Teutonista. hooymaent, flandr. Kal. hoymaent, cgm. 126. hoymaend, Kilian. hooimaand, nl. flam. hoyman, Bult. Stud. 19, 49. Lüneb. Kal. — hômanot, Schreiber Urk. 1, 93 (1282). Geschichtfr. 15, 204 (1362). Voc. optim. hômanat, Diefenb. Ngl. 41. heemonet, cgm. 689. hömånad, schwed. — Vgl. wallon. fenal, provenc. feneree, churwälsch fanadur. — klruss. sinokos, russ. sěnozornik, lett. senu menesis. Miklosich 18.

**Heyannir**, heyaannir, altnord. (Sn. E.), neuisl. heyannir, n. pl. f. eigentlich Heuarbeit, Heuernte, aber als Monatname Juli. Fabricius Menolog. 143 und F. Magnussen Edda III. 1101 haben heyannamánudur. — Schwed. bedeutet höann, höand nur noch Heuernte. Vgl. in der howarne edder in dem howman, Neocorus 2, 315.

**Hirtenmonat**, April, nach Fischart Pract.

**Hitzemonat**, August, im deutschen Banat, nach O. v. Reinsberg im Jahrb. für romanische Literatur 5. 368.

**Hlýda**, März: þänne he furdor cymed ufor ânre niht, ús tó túne brimc gebyrsted, hagol scûrum färd geond middangeard Martius rêde, Hlýda heálic Menolog. 37; Bouterwek Screadunga 20, 21. — Später auch hlýdmônað. — Wol der laute, nach den Märzstürmen. So auch Grein und Ettmüller.

Hobal, hovil, hovel, schwed., håball, hobball, hävoll, norweg., die Zeit zwischen der Bestellung der Aecker und der Ernte, Hochsommer, Mitsommer; aber nicht für einen bestimmten Monat gebraucht. Wort von dunkler Herkunft. Rietz dialectlex. 260.ᵃ

**Holzmonat**, Februar, Tegerns. Kal. — Im Walde kann man im Februario bey gutem Wetter und Frost Bau- Brenn- und Geschirr- und ander Holz fällen. Das in diesem Monat bey abnehmendem Monden gefällte Bauholz faulet nicht so leicht, und wird auch nicht von den Würmern gefressen: Wald- Forst- und Jagdlexikon. H. Sachs I, CCCCXXIII lässt den Mertz sagen: haw auch holtz zu deynem zimmer, Es fault und wird wurmstichig nimmer.

**Horemaent**, November, vocab. Lovan. (Hoffmann v. F. Glossar. Belg. 44). **Horenmaent**, December: bi ouden tiden plach men dat jaer te maken von X. maendcn; daer was Maert die eerste maent, ende Horenmaent die leste, *Mandeville Leiden. Hs. f. 19.*ᵇ *(Mittheil. von de Vries)*. horenmaend rectius hoerenmaend *Kilian*. Fischart Pract. macht Hoeremonat daraus. — Kilians Deutung ist verfehlt; de Vries vermutet Herkunft des Namens von horo, Schmutz; horemaent hiesse also Kotmonat. Das n in horemmaent wäre dann jüngerer Einschub.

**Horn der grosse**, *Januar*, **der kleine**, *Februar*, im Meininger Oberlande, *Schleicher volksthüml. aus Sonneberg, 82*. — Der kleine horn, *Februar*, hornung *Januar*, *Wolf mathem. Lexik*. der grosse, kleine horning, *Henneberg*. — ostserb. vulky rózk, maly rózk; lit. didelis ragutis, malas ragutis: Januar, Februar, Miklosich 28. Vgl. hornung.

**Hornunc**, *m*., *Februar*, *Einhart. v. Karol. c. 29*, *Wien. Hs. 863*, *gl. blas.*, *Herrad.*, *Walth. 28, 32*. *Helmbr. 1198*. *Myst. 1, 76*. hornung *S. Galler Hs. 272*, *Münch. Wiener Gl.*, *Schletst. Gl.*, *Köditz Ludw. 29*, *Myst. 1, 90*. *Diefenb. gl. 1*, *Kopenhag. Kal.*, *Tegerns. Kal.*, *Frankf. Kal.*, *Pgmkal. 1431, 1438*, *Gmunds Kal. 1439*, *Bresl. Ged.*, *Zeninger*, *Gredinger*, *Huber*, *Seligenstatt. Jahrzeitb.*, *Murner*, *Dasypod*, *Regiomontan*, *Herr Ackerwerk*, *Alberus*, *Weist. 4, 131. 170. 182*, *Christel Zodiacus*, oft im 18. 19. Jahrh. — hornungk *Mone Anz. 6, 436*. hornunch *Einh. v. Karol. l. l. (10.*ʰ *B. 4. 4.*ᵇ*)*. *Bordesholm. Kal.* hornüng, *Geschichtfr. 8, 100 (1525)*. horning, *Gl. zu Sachsensp. III. 82*. *Diefenb. Ngl. 38*. horningk, *Lüneb. Kal. 1480*. horninck, *Lübeck. Kal. 1494. Rostock. Kal. 1523*. hörninck, *Heldrader*. hornick, *Diefenb. gl. 23*. hornig, *Dankrotsh*. Zu diesem Ausstoss des n vgl. hornug, im Pariser und Trierer Cod. von Einhart v. Kar. (c. 29). Heute bei den venet. Deutschen hornik, hoaneg *cimbr. Wb. 131*. Sonst ist es bei dem bairischen Stamm erloschen. Als noch lebend alem. bringt Birlinger alem. Spr. 36 hoaning bei. Allgem. schweizer. ist hornung. Ausserdem lebt in der Schweiz und auch im tirol. Sarnthal **horner**, *Stalder 2, 56*. *Grossätti*. *Schöpf 276*. Fränkische Formen des Monatnamens sind **horlung, horla, hörla**, *Grimm G.d. Spr. 86*. — Ueber hornung, Januar, vgl. horn.

**hornungmânoth**, *Februar*, *Einhart l. l. (7)*.

Der Name hat früh Kopfzerbrechen gemacht. Loccen in den antiqu. sveogot. I. 12 meinte. hornunc sei der Monat genannt, weil die Hirsche dann die Hörner abwerfen; Fabricius menolog. 136 deutete ebenso; manche neuere schlossen sich dem an. Leibnitz leitete den Namen von dem deus Cernunnus ab (Scherz 695), Falckenstein antiqu. nordgav. 271 von den Trinkhörnern, aus denen in diesem Monat besonders gezecht worden sei, Coremans l'année 15 von der Sitte der Hirten de limer les cornes du betail avant de le conduire au

pâturage, pour que dans se joyeux ébats il ne se fasse pas de mal;
Regel Rublaer Mundart 145 meint. Hornung sei nach dem Hirten-
horn, das beim nahenden Frühjahr zu Ehren des Vali geblasen
wurde (?), benannt. Frisch 1, 469 gieng auf hor, Schmuz, zurück:
hornunc Kotmonat. Obschon das n diese Ableitung unmöglich macht,
nam selbst J. Grimm G.d. Spr. 90 sie an, nachdem er S. 83 hornunc
grammatisch richtiger als cornutus, oder als spurius (altn. hornungr)
gefasst hatte: der unechte Monat dem Januar gegenüber, wie Weigand Wb. 1, 327 dies auslegte. In der Gramm. 2, 360 vermutete
Grimm hornung == kleiner Horn, wie der Februar wirklich auch
heisst. Ich glaube, dass diese Deutung die richtigste war, und dass
horn wie hornung nach der Winterkälte, dem hornharten Frost benant sind, wie schon das Breslauer Monatgedicht sagt: Von dem
herten horne ist her hornung genant, Dy herteste kelde kommet
denne yn die lant.

**Hredmônath,** *März,* a dea illorum Hreda cui in illo mense sacrifi-
cabant nominatur, *Beda de tempor. rat. c. 13.* **Rhedmonath,** *Melk.
Hs. Bedas (Diut. 3, 276), Stabloer Kal.* — Ettmüller Lex. 507 führt
auch die Schreibung hraedemonad an. — Vgl. Redmanot.

**Hrûtmânaðr** *altisl. (Sn. E.). neuisl.* hrútmánudur, *December.* —
hrútr, Widder.

**Hundemaen,** *Juli, Bordesholm. Kal.* (Der **nundeman,** August, im
Lüneb. Kal. ist wol für hundeman verlesen) der Monat wo die
Hündin läufisch ist; vgl. lett. suńu menesis, August, Miklosich 12. —
*Fischart Pract.* macht seinen **Hundsman** zum Juni; unter Juli stellt
er **Hundshochzelt.**

**Hungermuan,** *Juni, Sylt.* Zur Erklärung dieses nordfriesischen Na-
mens diene aus der Schweiz folgende Stelle in (Staub) das Brot im
Spiegel schweizerischer Volkssprache S. 183 „Mit bitterer Ironie hat
das Volk selber jene böse Zeit von Pfingsten bis Jacobi den langen
Brachet getauft, und denselben Titel auch auf eine lange hagere
Gestalt, die an Theurung und Hunger gemahnt, übertragen."
Huwelighsmaand, Januar, hat Coremans l'année 11.

**Iacobmonat,** *Juli, Fischart Pract.* — usl. jakobešćek, kroat. jakovčak,
Miklosich 25. — Jacobus Apostel 25. Juli, im Kalender des Acker-
bauers und Hirten ausgezeichnet.

**Jafndagramánudur,** *März, isl.* nach Fabricius Menol. 143 und F.
Magnussen Edda III. 1065.

**Janer,** *Januar, Diefenb. gl. 1., cgm. 75. 771, Regiomontan 1473.*
**Jener,** *cgm. 461, Zeninger, Tucher.* **Jenner,** *Kopenh. Kal., cgm. 93.
223. 398. 848. 867. 700. 4685, Diefenb. Ngl. 34, Wolkenst.,
Gredinger, Gräzer Kal., Huber, Dankrotsh., Tegerns. Kal., Ge-
schichtfr. 4, 18, Mone Zeitschr. 7, 125, Murner, Grill, Dasypod,
Alberus, Christel Zodiac., Altoň. Alm. 1864.* Jennar, *cgm. 32.*

**3384.** Jänner, *Gräzer Kal. 1579 ff. Alsat. Taschenb. 1807. Allgemein ob. Deutsch.* — Genner, *Mone Anz. 6, 436. Ehing. Spitalb. cgm. 349. 397. 480. 689. Diefenb. gl. 75. Ngl. 32. Pgmkal. 1431. Seligenstatter Jahrzeitb. Germ. 8, 107. Weist. 4, 297.* Gennår, *cgm 32.* — Gennar, *cimbr. Wb. 124.*
**Jârmânot,** *Januar, gl. Herrad., Münch. Gl.* iarmanet, *Wiener Gl.* — *Fischart Pract.* hat Jahrsendemonat, *December,* New Jahrsmonat, *Januar.* — **jiers foarmoanne,** Epkema 123.
**Jehansmand,** *meklenb.* — Johannmonat, *Fischart Pract., Juni.* — nsl. ivanščak, kroat. ivanjski, Miklosich 25.
**Jiuleis fruma,** *naubaimbair, got. Kal.* — **Giuli,** *December Januar, Beda de tempor. rat. c. 13:* menses Giuli a conversione solis in auctum diei, quia unus eorum praecedit, alius subsequitur, nomina accipiunt. -? — **aerra jula,** *December, Menolog.* (Januar: Januarius). Im späteren ags. und mittelengl. findet sich **geol, yule, gole** für Weihnacht und December. — Altn. **jôl** (n. pl.) Julfest, ebenso norw. **jol, jul** (f.), schwed. **jul** (m.), dän. **juul** (pl.) Jul- oder Weihnachtfest, Zeit der Zwölften. — *Norw.* **jolemoanne,** schwed. **julmånad,** dän. **juulemaaned,** *December,* (eigentl. Ende December — Januar). — Ich habe S. 4 meine Ansicht, dass jiuleis formell der römische julius sei, schon aufgestellt.
**Kalvermaen,** *Januar, Bordesholm Kal.* — Coremans l'année 19 hat **Kalfmaand,** als Namen des Merz.
**Kindelmonat,** *Januar, Fischart Pract.* — Der Kindertag. Tag der unschuldigen Kindlein, fällt den 28. Dec. Wir haben hier also wol den Jahresanfang auf den 25. Decbr. zu denken.
**Klibelmonat,** *März, Fischart Pract.* — unser frawen clibeltag oder unser frawen tag cliben: 25. März, Mariae conceptio (oder annunciatio) wichtiger Losstag.
Klughmaend f. glugmaaned.
**Kochmonat,** *August, Pilgram, Frisch 1, 530.* Coremans l'année 118 hat Kokmaend. — Bauernregel: Was der August nicht kocht, wird der September nicht braten. — rumän. kuptoriu, Miklosich 17.
**Koltenmaen,** *April, Bordesholm. Kal.* — Nach dem kalten Aprilwetter? — In Göttingen, Grubenhagen heisst der Januar **dat kåle mânt,** Schambach Wb. 130. Vgl. poln. styczeń, Miklosich 16.
**Königmonat,** *Januar,* nach *Fischart Pract.* — Dreikönigstag 6. Jan.
**Kornfkurðarmânaðr,** *altn. (Sn. E.), nisl.* kornfkurdamánudur, *August.* — Vgl. skördemånad.
het **kort mandeken,** *Februar, flämisch.* — wallon. petit men.
**Kotmonat,** *November, Tegerns. Kal.* In Schlesien heisst der Elisabethtag (19. Nov.) die beschissene Liese. — **Kâtmuun,** *März, nordfries. (Sylt).*

**Krikla,** *März* (Ende M. bis Ende April), im norweg. Tellmarken, *Aasen Ordbog 23 f.*

**Krine,** *März,* in Söndmör (Bergenstift) *Aasen 237.*

**Lasmand, lasemond,** *Januar,* Lünig corp. jur. feud. III. 107 (Schleiden 1343). Vgl. **leseemande,** *December, Herm. r. Fritsl. (Myst. 1, 12).* **Laumaent,** *Januar,* (Loumaent. loymaent) *Maerl. Rymbibel 14439. 16598. 18126.* — leumaent, *rocab. Loran. (hor. belg. 7, 65).* lomant, *Diut. 2, 214.*ᵇ Bei *Kilian* louwe, louwmaend, lauwe, lauwmaend. Erhalten in holländ. louwmaand. fläm. lanwmaand. — Die Deutungen des dunkeln Namens sind zalreich, man hat sogar eine Göttin Leva als Namensgeberin erfunden. J. Grimm bei Haupt Z. 7, 464 f. hat Zusammenhang mit dem dunkeln lasmand gesucht und auf Glasemonat, Fenstermonat, als Eingang des Jahrs geraten. Grammatisch unantastbar ist die schon durch Weiland vorgetragene Herleitung von louwen looien, gerben. Allein abgesehen davon dass wir nirgends sonst einen Gerbmonat finden, lässt sich auch sachlich nicht absehen, weshalb der Januar zum gerben besonders in Bezug stehen solte. Ich weiss weder für laumaent, noch für den wol unverwanten lasmand Hilfe.

**Laubmonat, Loefmaand,** *November, mnl.,* hier und da in *Flamland* noch gebraucht, *Vlaamsch Idiotikon 344.* — Der Name erklärt sich aus den folgenden:

**Laubprost,** *m., October, cgm. 223. 430. 867:* october ist nu der zehent man und haysst zu teutsch der laubprost *cgm. 223.* in dem laubprost ist ain tag an S. Gallustag. *ebd.*

**Laupreise,** *f.* 1) *October, Urk. v. 1434 bei Arnoldi Miscellan. (Marbg 1798) S. 7.* — 2) *November* lawbreysz *Cassel. Hs. v. 1445 nach Grimm G.d. Spr. 85.* **laveryse,** *Diefenb. gl. 98.* — In der Schweiz hat **Loubrisl** die allgemeine Bedeutung von *Herbst: Geschichtfreund 6, 71. Weist 1, 11. 26. 172. 204. 210. 4, 350. Schreiber Urk. 2, 114. Stalder 2, 159.* Ausserdem bezeichnet loubris, laubreuss das jüdische Laubhüttenfest, Passion. K. 267. 96. Schmeller 3. 130, das auch loubvelle, laubfall genant wird: Gundacher 4009. Schm. 3, 130 wol als jüdisches Herbstfest. — October: asl. serb. listopad, lit. lapkritis. November: nsl. cech. pol. listopad, klruss. lystopad, Miklosich 4.

**Leggsumar,** *m., norweg.,* die Zeit des Hochsommer, zwischen der Pflugzeit und der Heuernte.

**Lengizinmânoth,** *März, S. Galler Hs. 272, Wiener Hs. 863.* — lentzinmanoth, *Einhart. r. Karol. c. 29 (Paris. Hs.).* lenzinmanoth. *ebd. (3.*ᵇᶜ· *B. 5). Stabloer Kal., Schletst. Gl.* linzinmanoth, *Einhart l. l. (5).* lencimanoth, *ebd. (B. 3. 4).* lenzimanot, *gl. blas.* lenzemanot. *Münch. Wiener. Herrad. Gl.* lentzmonet, *Einhart l. l. (8.*ᵇ*).* lenzmonat. *Gräter Bardenahm. 1802, Grä:er National-*

kal. 1822. lenzmond, *Deutsch. Museum 1782*, *Alm. d. deutsch. Belletr. 1782, Niederrhein. Taschenb. 1801.* glentzman, *Fischart Pract.* — **Lengtenmånoth**, *Einhart v. Karol. c. 29. (7.*[b]*)*. lentinmanoth, *ebd. (7. 10.*[b] *11. 11.*[b] *C.*[3]*)*. *Kilian* führt lentemænd, lenthmaend als sax. sicambr. an; indessen ist **lentemaand** noch jetzt der nl. Name für März. — Das Bresl. Monatged. sagt vom März: yn dyssem monde der lencze uns entspringet, an finte Petirs tag wenn man dy messe fynget.

In den **Lenhartstägen**, volksmässige Benennung des *Juli* zwischen Oberisar und Inn, indem an den Sonntagen des Juli die Dedicationsfeiern der verschiedenen Leonhartskirchen gehalten werden, Schmeller 2, 473. Ueber die volksthümlichen Leonharttage Bavaria 1, 383 f.

**Lestmanat**, *December*, *cgm. 397*, der letzt monad, *Giess. Hs. 978*, letstmonat, *Fischart Pract.* lestman, *cgm. 480*. leczter mon, *Gredinger*. — Es ist möglich dass auch der **leseemande** bei Herm. v. Fritslar (*Myst. 1, 12*) in lestmande zu ändern ist, wie Franz Pfeiffer freilich unter Widerspruch von J. Grimm that, *Myst. 1, 411*.

**Lichtmessman**, *Februar*, nach *Fischart Pract.* — nsl. svečan, kroat. svićničar, nserb. sveckovny, *Miklosich 24*.

**Lida**, *Juni, Juli:* cum vero embolismus superfluum mensem æstati apponebant ita ut tunc tres menses simul Lida nomine vocarentur et ob id annus thrilidus cognominabatur, habens quatuor menses aestatis. — Lida dicitur blandus sive navigabilis eo quod in utroque illo mense et blanda sit serenitas aurarum et navigari soleant æquora; *Beda temp. rat. c. 13. Stabloer Kal.* — ags. *lide*, linde.

**Lipjäcklemonat**, *Mai*, nach *Fischart Pract.* -- Philippus Jacobus 1. Mai.

**Lûsemaen** (luszemaen), *Juni*, *Bordesholm. Kal.* — F. Magnussen Edda III. 1080 kennt einen altholst. leussmonat, *Juni*. — Es ist wahrscheinlich an die Schildlaus zu denken, nach welcher der Juli dän. ormemaaned heisst, was z. vgl.

**Lustmonat**, *Mai*, in *Schwaben* mitunter gebraucht, nach Grimm G.d. Spr. 87.

**Luxmonat**, *October*, nach *Fischart Pract.* -- nsl. lukovšćak, kroat. lukovčak, *Miklosich 25*. — Lucas 18. October.

**Maedemônaδ**, *Juli*, ags. — Maedermonat, *Juni*, hat *Fischart Pract.* **Madkamánudur**, *Juli, isl.*, madkemaaned, *norweg.*, nach Loccen. antiquit. I. und F. Magnussen Edda III. 1086. — isl. mađkr, dän. maddik: Made, Wurm, Insect. Vgl. ormemaaned.

**Marceo**, *März*, gl. *Ker.*, mertzo, gl. *blas.*, merzo, marzo, *cimbr. Wb. 146.*, merce, *Münch. gl.*, merze, *Wiener. Herrad. gl. und mhd.* oft, mertzc, gl. *Diefenb. 10, 41. Anzeiger 1865, 260. Geschichtfr. 2, 195. Weist. 1, 239.*, mercze, *Frankf. Kal. (Roth). Seligenstatt. Jahrzeitb.*, mircze, *Diefenb. gl. 5.*[b] — **Merte**, La-

combl. III. n. 589 (1359). Teutonista, meerte, Lacombl. III.
n. 543 (1355), mierte, cgm. 126. meert, maert, Kilian, maart,
nl. Uebrigens ist auch nd. Merz eingebürgert, z. B. Lüneb. Kal.,
Rostock. Kal. 1523. - - **Martimaen**, Bordesholm. Kal., martzeman.
Diefenb. gl. 12, mertzeman, Balt. Stud. 19, 49. mertzman, Hamb.
Kalenderfragm. v. 1542. Schlesw. Kal. 1609.
**Märgenmonat**, März, nach Fischart Pract. — Mariæ Verkündigung
25. März. Von Judica bis Palmarum, Mariae Ohnmachtfeier.
**Martensmant**, November, Schambach Wb. 131. — oserb. mercinski,
lith. Martina mēnesis, Miklosich 26.
**Marxmonat**, April, nach Fischart. — Marcus, 25. April.
**Melo**, Mai, gl. blas., meie, Münch. Wien. Herrad. gl., Geschichtfr. 1,
186 (1252.) und mhd. sehr oft. meye, Geschichtfr. 3, 270. 5, 142.
14, 256. Aventin, Dasypod. maie, Frauend. 63, 12. Zürch. Jahrb.
61, 38. maye, Geschichtfr. 2, 245 (1322). Voc. opt., Grill, Her-
berstein (font. rer. austr. I. 1, 99). Seligenstatt. Jahrzeitb. — meije.
Geschichtfr. 1, 314. 339. 7, 186. 17, 274. meige, Lacombl. III. n. 478.
Germ. 8, 108. Weist. 4, 138. 182. 391. meyge, Mone Anz. 6, 436.
Diefenb. gl. 45. Dankrotsh., Weist. 1, 356. 3, 621. 4, 131. 239.
351. maije, Tegerns. Kal. Fischb. maige, Weist. 4, 420. maig,
Diefenb. Ngl. 30. mey, Diefenb. Ngl. 38. Hymnenkal., flandr. Kal.,
Pract. v. 1493, Lübeck. Kal. u. Pract., Murner. mai, voc. opt.
Megenberg. may, Diefenb. Ngl. 32. Wolkenst., Gräzer Kal., Huber,
Gredinger, Alberus, Weist. 4, 139. — (mey = Früling: de mey be-
ghynnet in sunte Peters daghe, de summer in sunte Urbans daghe,
Balt. Stud. 19, 49. = Blüte: bet hiher waret de mey und flor
hertoch Bugslafs regiments, Kantzows pom. Kron. 154.) — Moajo.
Moio, cimb. Wb. 147 f.
**Meyman**, Diefenb. gl. 22. meymaen, Bordesholm Kal., Schapherd.
Kal. 1523, Wichmans Frag. 1527, Schlesw. Kal. 1603. meymane,
Balt. Stud. 19, 50. meygman, Diefenb. gl. 23. — Gräter Bardenalm.
1802 bringt einen Moje-Monat zustande.
**Der erst may**, Mai, cgm. 32. 398. 848. Giess. Hs. 978. **Der
ander may**, Juni, cgm. 32. 93. 398. 848. 700. 3384. Giess. Hs. 978.
Tegerns. Kal., Gmunds Kal. 1438, Gräzer Kal., Huber, Kalten-
bäck Pantaid. 1, 228. ander meie, Tucher. ander meige, Cassel.
Hs. v. 1445 (G.d. Spr. 84).
**Melonn** d. i. Medalonn, f., die Zeit zwischen der Pflug- und Heuarbeit,
Juni, norwegisch.
**Michelsmonat**, September, nach Fischart Pract. **Mochelsmuun**, nord-
fries. (Sylt) — nsl. miholjščak, kroat. miholjski, oserb. michalski
mešac, Miklosich 26.
**Midsommar**, Juni, schwedisch. **Midsumormōnaδ**, im späteren angel-
sächsich. — So allgemein das Wort zur Bezeichnung der Zeit um

die Sommersonnenwende (nd. h. Johans dag to midden somere) ist, so hat sich doch daraus kein fester Monatname, mit Ausnahme des angeführten, gebildet.

**Midvintermônað**, *December*, im späteren angelsächsisch. — Im Uebrigen bezeichnet midvinter nur die Zeit der Wintersonnenwende.

**Mürsugur**, *December, island.* = Specksauger.

Nicomonat, *Juni*, nach *Fischart Pract.* — Ein fischartscher Scherz? vgl. Nicodemus Martyr und Nicomedes 1. Juni, Nicocas Bischof 22. Juni.

Nóttleysumánuður, *Juni, isl.*, „mensis noctis expers," Fabricius Monolog. 143, F. Magnussen Edda III. 1080.

**Neunmanot**, *November, cimbr. Wb. 145.* — mánot niunto, Keron. Gl. Nundeman, vgl. Hundeman.

**Obsmon**, *August*, nach *Fischart Pract.* — H. Sachs I, CCCCXXIIII sagt beim Herbstmon: das obs blat ab, bhalts auf gehend.

**Ocullmonat**, *Februar*, nach *Fischart Pract.*

Óðinsmánuðr, *März*, als altisl. von F. Magnussen Edda III. 1070 angegeben, aber unbeweisbar. Coremans l'année 19 nennt den April ebenso willkürlich Wodansmaand.

Ofenmonat, *Januar*, von Fischart Pract. wol erfunden.

Offermaand, *November*, von Coremans l'année 33 nach dem ags. blótmónað erfunden.

Ollewiwermond, vgl. Wiwermond.

**Ormcmaaned**, *Juli, dän.* — Der entsprechende slav. Monatname červen (červiec) Juni, rührt nach Miklosich 8 von der als Färbestoff gebrauchten roten Schildlaus, coccus polonicus, her. Vgl. lúsemen.

**Ossenmaynt**, *October, Teutonista.* **ossenmaen**, *Bordesholm. Kal.*

**Ôstarmânôth**, *April, Einhart v. Karol. c. 29.* ostærmanoth, *Schlettst. gl.* Ostermanot, *ebd. (4.b). Blas. Münch. Wiener. Herrad. gl., Diut. 3, 460.* ostermonet, *Einhart l. l. (8.b).* oostermaend, *Kilian* osterman, *Einhart l. l. (B. 8).* ostermaen, *Bordesholm. Kal., Rostock. Kal. 1523, Schlesw. Kal. 1609.* ostermonat, *Fischart, Stieler, Steinbach, Frisch, D. Museum 1781, Gräter Bardenalm. 1802, Leipziger Alm. 1810, Allgem. Grätzer Nationalkal. 1822, Lahrer hinkend. Bot, Kal. d. Gust. Ad. Verein.* ostermond, *Teutsch. Merkur 1781, Deutsch. Mus. 1782, Alm. d. Belletr. 1782, Niederrhein. Taschenb. 1801.* — Das Bresl. Monatged. sagt vom April: Das osternewe her och heyst Von der crystenheit allermeyst. Yn dem monden uns inspringet Der ostertag wenn man synget Crist ist enstanden Von allen scynen banden, Des sol wir fro seyn, Got loze uns von aller peyn. — **Eósturmônath**, *April, Beda de tempor. rat. c. 13.* (der Stabloer Kal. verschreibt fosturmonath). eusturmonath, *Elnoer Hs. Bedas, bei Haupt Zeitschr. 5, 205.* eástermonað, *Menolog. 72.* — Beda erklärt eosturmonath qui nunc pascalis mensis

interpretatur, quondam a dea illorum, quae Eostre vocabatur et cui in illo festa celebrabant, a cujus nomine nunc paschale tempus cognominant, consueto antiquae observationis vocabulo gaudia novae solemnitatis vocantes.
Der Monat ist nach dem Osterfeste: ostara, gewönlich im Plur. ostarun, ostron, ags. eóstran eástron, benant; dieses selbst aber unmöglich nach einer heidnischen Göttin Ostara, Eostre, sondern nach der Morgenröte oder dem Aufgang (ostarâ) des Jahres, dem Früling. Vgl. über die Etymologie A. Kuhn über den Namen Ostara und Ahrens in Kuhn Zeitschrift 3, 171. Die angelsächsische Eostre sieht nach einer Erfindung Bedas aus; auf sie allein stüzt sich die von J. Grimm Myth. 267 gemutmasste deutsche Ostara.

**Paeschmaend,** *April*, führt *Kilian* als sax. sicambr. an. — **Puaskmuun,** *nordfries. (Sylt).*

**Paulmonat,** *Januar*, nach *Fischart Pract.* — Pauli Bekerung 25. Jan., Paulus Einsiedler 15. Jan.

**Pferdmonat.** *März*, nach Chorion. — Vgl. Falemaen.

**Pfingstmon,** *Mai*, nach *Fischart Pract.* — Lüneb. wend. pancjustemon; nsl. risaléek, Miklosich 23.

**Pietmaent,** *September*, cgm. 126, pietmaend, von *Kilian* als veraltet aufgeführt. — Vermutungen über den dunkeln Namen bei Grimm G.d. Spr. 92.

**Plogen, Plogvinna,** *f.*, die Pflugzeit im Frühjahr, *April und Mai. norwegisch.* Vgl. Ackermonat.

Pölsemaaned, *Norember*, *dän.*, mensis farciminum, nach F. Magnussen III. 1116.

**Rebmânot,** *Februar*, *Zürch. Jahrb. 62, 12. Edlibach. Kron. (Birlinger alem. Spr. 36). Aschach. Weist. (Grimm Ra. 824).* rebmonet. *(Geschichtfr. 6, 176 (1496).* rebmonat, *Zürch. Jahrb. 89, 12. Klingenb. Kr. 41. Habsb. Urk. bei Herrgott II. 2, 768. Diefenb. Ngl. 32. Serranus. Dasypod (1537) 398.*[b] räbmonat, *ebd. 488.*[d] Buchler gnomolog., Junius und Chorion haben den Namen rebmonat als Februar aufgenommen, Herrgott bezog ihn falsch auf den September. F. Magnussen deutet ihn mensis uvarum, woraus Henne von Sargans (Klingenb Kr. 44) seinen Beweis zieht, dass rebmonat = Weinmonat sei! — Vgl. redmanot.

**Redmânot,** *Februar*, *Zürch. Urk. v. 1391* (Donauesching. Archiv). redimonet, *Appenzell. Kr. S. 174.* redtmonet, *Weist. 1, 175.* — Gräter Bardenalm. 1802 hat für Juli Rödmonat erfunden; Chorions retmonat, März, ist aus dem ags. entlehnt. — Die Namensformen rebmanot und redmanot stehn hiernach fest; rebmanot ist häufiger, beide kommen nur in Alemannien vor. Einen Wechsel von b und d kenne ich alem. nicht, es sind also verschiedene Namen. Bei rebmanot bietet sich zur Erklärung alem. bair. räbeln: sich rühren, regen; rebig, räblig: rührig munter Stalder 2, 252 f. Schmid 427. Schmeller 3, 4; bei redmanot ahd. hradi, redi: celer, agilis, promtus Graff 4, 1150. Schmeller 3, 49. Demnach verwante Begriffe. Hierzu stellt sich ags. bräd, bred: alacer, celer, expeditus zur übereinstimmenden Deutung des ags. Hredmonath, März, dessen namengebende Göttin Hreda eine Erfindung Bedas gleich seiner Eostre und gleich der niederländischen Leva (vgl. laumaent) ist. In diesen Namen liegt wol die Beziehung auf die im Februar und März sich wieder regende und rührende Natur.

**Rekefylle**, *f.*, Rauch- oder Dunstfülle, die Zeit der Märznebel: In gevenlengdhe worn it mad, In Reke-fille on sunder shad, *The Story of Genesis and Exodus* (an early Engl. Song, about 1250, ed. by R. Morris. London 1865) v. 147.

**Remelsmaint,** *October, Hymnenkal.* Remeissmaent, *Wolmar Pract.* Remeysmaent, *Brotbeyhel Pract.* — Remigius, *1. October.*

**Ridmaaned:** Molbech, dansk Glossarium (Kiöbh. 1866) 2, 74 bemerkt: Ridmaaned, *October* efter Grimm (G.d. Spr. 92) u. bringt aus Tidemand Postill. 1577. I, 86 folgende Stelle: det vaar en hendensk brug oc skik at man med brendende ljuss löb omkring i alle staeder oc lanzbyer den förste dag i Ridmaaned. — Das könte sich auf die katholische Vorfeier von Allerselen beziehen und Ridmaaned wäre danach *November*. — Den Namen deute ich Sturmmonat: altn. hriđ, Sturm; norweg. rid: et Uveir, et Sneelag (Aasen 379).

- **Ridtidarmánudur**, *November*, tempus pariendi frutfarum, nach F. Magnussen Edda III, 1116. Fabricius Menol. 143 hat Rydtrydármanudur.

**Rispmoane**, *August, Epkema* 381, von rispjen, ijnrispjen = inzamelen, inoogsten.

**Roselmaent,** *October, roc. lovan (hor. belg. 7, 90)*. — rosel, reusel: arvina, Kilian.

**Rôsenmaend** „*retus, Junius*" *Kilian*. — **Rosenmonat,** *Juni, Frisch* 2, 126. — Im **Rosenmond**, Miller Ged. 185. Boie im Gött. Alm. 1774, 26. W. Blumenhagen in Minerva Taschenb. f. 1826. S. XIV. **Rosenmanet,** *Juli*, Diefenb. gl. 12. — Ob der roseumonat in der Limburg. Kr. 95 Juni oder Juli bedeute, lässt sich nicht bestimmen.

**Rugern,** *August:* sextan däge rugernes, *Vihtraed. dom. prooem. (a. 696)*. — lith. rugpjutis, August, Miklosich 7. Vgl. aran. — Meklenb. bezeichnet roggaust allgem. die Roggenernte, nicht im besondern einen Monat.

**Sâôtiô,** *April, altn. (Sn. E.)* und *neuisl.*

Deutsch wird vorzüglich die Herbstsaat unter *Sat* verstanden: unser frawen tag in der sat da sy geborn ward *Schmeller 1. 596.* Vgl. auch S. Creutz tag in der herbstsat *Weist. 2, 209* und das folgende.

**Saemanet,** 1) *September*, *cgm. 397*. **Seman,** *cgm. 480*, säemon, *Kal.* von *1477 (Schmeller 3, 177)*. — H. Sachs I, CCCCXXIIII sagt beim

Herbstmon: Winterkorn, rauch tnayd thu seen. Paus feld, das nit öd lieg umbsunst.

2) **Selmonat**, *October*, Seligenstatter Jahrzeitbuch v. 1516. **Sæmond**, *Uhlands Ged. am 18. Oct. 1815.* **Saedmaend, saeymaend,** *Kilian*. Sädemaaned, *dänisch*. Sathman, *lüncb. Kal.*, satemaen, *Lübeck. Kal. 1494*, saedtmaen, *Schlesw. Kal. 1609.* saatman, *Fischart Pract.* — Das *Bresl. Monatged.* sagt beim October: Man sit den czu mole vil Dy wintersoto ane czil. — Alte Wirtschaftregel: see koren Egidy, habern gersten Egidy, *Hätzlerin LXIX.*

**Saumonat**, *September, Tegerns. Kal.* — Lamberti (17. Sept.) beginnt die Saujagd, Landau Jagd 116. — F. Magnussen III. 1117 hat einen holstein. **seuemonat,** November, vgl. aber swinemaen.

Schafmonat, September, *Chorion.*

Schetmanet, September, *Steinbeck* deutsch. Kal. d. mittl. Zeitalters 109.

**Schlachtmond,** 1) *October, Ebert Episteln 305 (1789).* *schwed.* **slagtmånad.**

2) **Slachtmaende,** *November, Dillenburg. R.* slachmaent, *cgm. 126*, *Kilian.* slachtmaand, *nl. flam.* slagtemaaned, *dän.* schlachtmonat, *Fischart.* slachtmaen, *Schapherd. Kal. 1523.* schlachtmaen, *Lübeck. Pract. 1518.* slagtmuun, *nordfries. (Sylt).* shlachtelmaen, *Bordesholm. Kal.* schlachtelmaen, *Schlesw. Kal. 1609.*

3) **Slachtmant,** *December, Frankf. Kal. (Roth).* schlachtmondt, *Frankf. Kal. (Anzeiger 1865 S. 300).* slachtmon, *Diefenb. gl. 7.* — In dem Nürnberger Kalender (Fastnachtsp. S. 1106) heisst es beim December: Der lieb herr sand Niclas, Der heylig himelfurst, Der tötet uns die feisten swein, Dorin so find wir wurst Vnd auch die grossen braten swer. H. Sachs I, CCCCXXV spricht beim Christmon: Die bawren sich der rotseck nieten, füllen mit würsten weib vnd kinder, stechen dernieder sew und rinder, die sie einsaltzen und auffhangen, darmit die erndt sie erlangen.

**Schnit,** *m.*, die Getreideernte: daz was in dem snite, *Vor. Ged. 138, 2*, er starb in enem snite ebd. 156, 4. — 1) *Juli:* S. Jacobs tag in dem snit, oft in österr. Urkunden, z. B. Heiligenkreuz. Urk. II. n. 31. Schottenstift. Urk. n. 274. Notizblatt 6, 369. S. Jacobstag in dem hawersnit, Heiligenkreuz. Urk. II. n. 195. — H. Sachs I, CCCCXXIII rw: zu Jacobi so schneid das korn. — 2) *August:* S. Stephans tag in dem snit: Klosterneub. Urk. n. 282. Heiligenkreuz. Urk. II. n. 283. 297. Melly Urkund. n. 38.

**Schnitmonat,** *August, Tegerns. Kal.* — H. Sachs I, CCCCXXIIII beim Augstmon: Schneid den hiers und winterkorn.

**Schrickelmaend** „*mensis intercalaris, februarius*" *Kilian:* a schricken, quia series festorum immobilium anno bissexto immutatur, praetereundo transiliendoque unum diem.

**Seármônaþ, sêremônaþ,** *Juni, Bosworth.* — ags. seár, engl. scar, nd. sör, nl. zoor: trocken, dürr. — serb. žar (heisser Monat) Juli, Miklosich 17.

**Selmânaþr,** *altn. (Sn. E.), newisl.* selmánuður, *Juni* (21. Juni — Juli). — Vom beziehen der sel, Selden oder Sennhütten, vgl. mein Altnordisches Leben S. 59.

**Selle,** *f.*, 1) *Februar, nl.* — die Maerte die is harde stuer Ende volcht **der Sellen** vaste naer, Willem von Hildegaertsberch *f. 53. a. (Leidener Hs.).* Dier ghelijk soe is oech dat weder In de Sellen menighertieren *f. 52 d.* in April, in Sel, in Maert *f. 17 d.* des sonnendaches nae sinte Pieters dach in die Zelle. *Mieris Urkundenb.* 4, 564[b] (1421)[1] — Selle, **sellemaend,** *vet. holl.*, *Kilian*, selle, *Epkema 411.*

**Sille,** *Februar, nl.*, *Maerlant I. 156, 37:* en setter II. maenden en, dat was launaent en sille.

**Sulle,** *Februar, nl.*, *cgm. 126, Kilian.* van jare te jare altois op sinte Pieters dach in Zulle (22. Febr.), Urk. v. 1574 in Meylink Hoog-heemraadschap van Delftland S. 364.[2]

2) **Silmand,** *September, ditmarsisch.* Outzen Glossar d. fries. Sprache 302 hat die danisirenden Formen sillmaned, selmaned.
Die Grundform ist *selle;* das Wort kann grammatisch ohne zweifel zu alts. ags. fellian, altn. felja, got. faljan, ahd. mhd. felljan fellen gehören, dessen Begriff übergeben, aufgeben, nach der relig. Seite in opfern (cf. Vulfila), nach der rechtlichen in das aufgeben eines Besitzes zu gunsten dritter übergeht; selle kann also sowol traditio als sacrificium bedeuten. M. de Vries macht mich für die Bedeutung von felle als Opfermonat, auf eine Stelle in den Act. fanctor. III. 288 aufmerksam: fuit consuetudo veterum ethnicorum, ut singulis annis mense februario certo quopiam die epulas ad parentum suorum tumulos apponerent, quas nocte daemones consumebant. An die Stelle dieses Totenopferfestes soll die Kirche den S. Pieters dach in die felle gesezt haben. Indessen gibt die antiquarische Gelehrsamkeit der mittelalterlichen Geistlichkeit unmöglich Beweise für uns, und es läge nicht weit, an die drei ersten Titel des Iudiculus superstitionum von 743 (Pertz legg. I. 19: de sacrilegio ad sepulchra mortuorum — de sacrilegio super defunctos id est dadsisas — de spurcalibus in februario) als Quelle jener Angabe zusammen mit fortdauerndem Aberglauben zu denken. Die ähnliche Erklärung Bedas de tempor. rat. c. 13 von dem ags. *folmonath:* dici potest mensis placentarum quas in eo diis offerebant, wird von ihm selbst als nur möglich hingestellt.

---

1) Mittheilungen von M. de Vries.
2) Mitgetheilt von M. de Vries.

**Sibenmanot**, *September*, cimbr. *Wb. 145.* — der sibente mont, *Diefenb. gl. 400.*
**Skammdegismánuðr**, December, von Fabricius Menol. 143 und F. Magnussen II, 1041 als isländ. aufgestellt.
**Skammtíd**, *f., norweg., December.*
**Skerpla**, *Mai, isländ.* (Jou Sigurdson. Alman. 1869). Skjärsommer, Juni, aestas pura, serena, als dän. von F. Magnussen III. 1080 aufgestellt.
**Skördemånad, Skortant,** *August, schwed.* — Vgl. kornskurðarmånaðr.
**Skurden,** *norweg.,* die Zeit der Kornernte im *September.*
**Slaatten,** *m.,* Zeit der Heuernte von Mitte Juli bis Ende August, *norweg.*
**Smeermaend,** *November,* Kilian.
**Solmonath,** *Februar, Beda de tempor. rat. c. 13,* solmonað *Menolog.* — Die Erklärung Bedas von den Opferkuchen (ags. ist aber kein sol mit dieser Bedeutung bekant) vgl. unter selle. — Die neuere Herleitung von sol: Schmutz, Kot, dünkt mich sichrer.
**Sólmánaðr,** *altn. (Sn. E.), isl.* fólmánuður, *Juni.* — Coremans l'année S. 21 hat daraus einen nl. **sonnemaand** gemacht.
**Sommermond,** *Juni, Deutsch. Mus. u. Teutsch. Merkur 1781.* Sommermonat, *Leipzig. Alm. 1813. nl.* zommermaand, *dän.* sommermaaned, *westfries.* simmermoane. Auf Sylt heisst der *Juli* sommermuun. Das Wort hat eigentlich eine allgemeinere Bedeutung; Steinbach sagt ganz richtig: „Sommermonat, einer von den drei Monaten, welche den Sommer im engsten Verstande ausmachen." Der unzuverlässige Chorion hat aus diesem Sprachgebrauch einen ersten, andern, dritten Sommermonat = Juni, Juli, August gemacht. In Norwegen heissen Juni, Juli sumarmoaner.
Sumarmánuðr hat F. Magnussen III. 1070 für April.
**Speckmaen,** *December:* von deme wynmane het tome speckmane het me den hervest; von middeme deme speckmane bette to middeme den mertzemane het men den wynter, *Pommersche Diätet.* in Balt. Stud. 19, 49.
**Speltmaend,** *September,* mensis a farris messe dictus, *Kilian.*
**Sporkele,** *f., Februar, flandr. Kal.,* sporkelle, *Kilian,* sporkille, *vocab. lovan. (Hor. Belg. 7, 103).* sporkle, *Muerlant II. 25, 22.* sporkell, *Limburg. Kr. 33.* Heute noch auf dem Westerwald die Spörkel, Sperkel, *Kehrein Volksspr. in Nassau 384,* um Coblenz und um Achen der Spörkel, Sperkel: *Wörterb. d. Coblenz. Mundart 50, Müller-Weitz 231;* mit weiterer Ableitungssilbe in Westfalen: die Spörkelske, Spörkelsken, *Kuhn westfäl. Sagen 2, 91;* auf dem Westerwald: die Spörkelsen, Sperkelsen, *Kehrein 384,* um Coblenz: die Sperkels, Sperkelsin, *Cobl. Mundart 50.*
**Sporkelmaent,** *Lacombl. Urk. III. n. 440. Vocab. lov. (Hor. Belg. 7, 103), Kilian.* **Sprokelmaand,** *nl.*

**Spurkele**, *f.*, *Februar*, in dem maende genant die fpurkele, *Lacombl. III. S. 835. Anm. (1390)*. Spurkel, *Oberhess. Urk. v. 1315 (nach Grimm G.d. Spr. 84)*, *Dillenb. Rechn.*, *Hymnenkal.*, *Henneberg. Arch. 1, 76.* spurckel, *Limb. Kr. 97.* Spürckel, *m.*, *Brotbeyhel Practica*, auch in *Fischarts Pract.* als kölnisch angeführt, ebenso in *Buchlers Gnomologia (Colon. 1602).* Der Spürkel, Spirkel findet sich noch in der Elberfelder Mundart, *Frommann Zeitschr.* 5, 517, ferner auf der Eifel, dem Westerwald und in Siebenbürgen, *Schmitz 1, 231*, *Kehrein 384*, *Schuller Beiträge 62*, *Frommann 5, 328.* Der Spüärkel, die Spüärkelsche, in der Grafschaft Mark, *Woeste Volksüberliefer. 60.*

**Spurkelmaent**, *Kal. v. 1486 (Bachmann über Archive).* — In *Philanders v. Sittewald* Gesichten Thl. II. S. 24 (1649) wird als westrichisch im **Spirklermonat** = im *April* aufgeführt.

Das Wort ist ursprünglich weiblich und das Gefühl davon hat aus den jüngeren männlichen der Spörkel, Spürkel eine weibliche neue Frau Spörkelse Spörkelske gebildet. Es liegt persönliche Kraft in dem Namen, wie Volkssprüche zeigen. In der Grafschaft Mark lautet die auch sonst dem Februar zugetheilte Redensart im Munde der Spüärkelsche: wan ik de Macht hädde, as min Brauer Harremond, dan sol di de Pot ächten kuäken un vüär fraisen, *Woeste* in der Zeitschr. f. Mythol. 1, 388. *J. Grimm* führt in der *D. Mythol.* 749 die Redensart über die Winde des Februar an: die Spörkelsin hat sieben Kittel an, immer einen länger als den andern, die schüttelt sie. — Im Februar regieren die Weiber das Wetter, das Regiment geht von Haus zu Haus um. Es heisst dann: van Dage is de Spüärkelsche in diäm Huse: *Woeste* Zeitschr. f. Myth. 1, 389. Kuhn westfäl. Sag. 2, 91. — Die Sporkele oder Spurkele ist in diesen Redensarten und mythischen Sprüchen Personification des Monatnamens, ganz ähnlich wie die nord. Göa. Das Wort ward früher zumal, und noch von J. Grimm G.d. Spr. 90, auf die fpurcalia in februario, also auf ein kirchenlat. fpurcalis zurückgeführt. Richtiger ist wol das deutsche Wort deutsch zu erklären, und durch das nl. und nd. erhaltene fprock: springend, brechbar, spröde (nd. fprock, nl. fprockel; fprockelhout: dürres Holz), schwed. fpricka fpringen, die Bedeutung: die springende, berstende, d. i. die Winterdecke durchbrechende, also die Kraft des sich regenden Lenzes, zu gewinnen. Die nl. Form fprockelmaand hat also die rechte Stelle des *r* bewahrt. Der Name ist ausschliesslich rheinfränkisch und nach der Grafschaft Mark wol durch kölnischen Einfluss gekommen.

**Starbrakmånad**, mensis solstitialis, hat Loccen. antiqu. sveogoth. I. als gothischen und F. Magnussen III. 1080 als schwedischen Namen des *Juni*.

**Stecktlö**, *f.*, *altn.*, *isl.*, *Mai*, nach der Aufstellung der Hürden für die jungen Lämmer.

**Steffaman**, *Januar*, nach *Fischart Pract.* — Da Stephan Erzmartyr den 26. Dec. fällt, weist der Name auf den Beginn des Jahrs mit 25. December.

**Stiermonat**, April. „im Stiermonat wird die Sonn auf einem halben Stier von Mittag renten," Fischart Pract., also wol von ihm erfunden.

**Stuben- und Ofenmonat**, Januar, von Fischart wahrscheinlich erfunden.

**Stúttmættismánudr**, Juli, mensis noctium brevium, F..Magnussen Edda III, 1086.

**Swynemaen**, *November*, *Bordesholm*. Kal.

**Thaumonat**, *Februar*, zuerst meines Wissens im *Deutsch. Mus. 1782*, dann im *Niederrhein. Taschenb. 1801, Gräter Bardenalm. 1802, Leipzig. Alm. 1810 ff. Gräzer Allgem. Nationalkal. 1822, Eutiner Kal. 1861 ff.*

**Thomasmonat**, December, Fischart Pract. — Thomas Apostel 21. Dec., Thomas von Canterbury 29. Dec.

**Thor**, *März:* in *Schonen*. Sprüche: Thor mä sitt långa skägg, Lockar smäbarn utom vägg. Men se'n kommer Avelesnue, Á körer in i grue (Oxied härad). Thredje thorsdagen i Thor Träder tranan på Sverges jor; då fka meattan in ä ljusustagen ud (Öst. Skäne) — Tormaaned, Tordmaaned, *dänisch*. — Das Wort bezeichnet wol den Monat, in dem es wieder trocken wird. Vgl. Dorremaend.

**Thorri**, *m.*, *Januar*, (genauer Schluss des Januar bis gegen Schluss des Februar), *altnord.*, *isl.* — *norw.* Torre, *schwed.* Thorre, Thorrmånad (*Småland:* Thor, Thorsmånad). Gräter Bardenalm. 1802 hat einen Thorsmonat daraus gemacht. — In dem Stück von Forniot und seinem Geschlecht wird erzählt: Kari var fadir Jökuls födur Snaers konungs, enn börn Snaers konungs vöru þau þorri, Fönn, Drifa ok Mjöll. þorri var konungr ágaetr, réd fyrir Gottlandi ok Finnlandi; hann blótudu Köner til þess at fniofa gerdi ok vaeri fkidfæri gótt; þat er úr þeirra. — Ueber Thorris Tochter Góa vgl. Gói. — Nach neuerem isländischen Brauch ward Thorri am ersten Morgen seines Monats am Hofthor von den Hausvätern begrüsst und zum Eintritt eingeladen, wobei die Bonden im Hemde und nur mit dem einen Bein in der Hose stecken durften. Sie musten so das Gehöft auf einem Bein umhüpfen. Dann ward ein Schmaus für die Nachbarn gegeben. Es hiess das at fagna þorra. Die Festlichkeit hiess þorrablót, der Tag selbst auch Bondadagr: Jon Arnason. isl. Thiodsögur 2, 572. Vgl. Goi, Einmanudr, Harpa. — In Smáland geht folgender Spruch: Thorr slår mä sin släggn, Så dat knakar i knut å vägga: Gya mä sin slya, Kör barn bakom grava; Matts (Matthias) mä sitt skägg, Lockar barn utom vägg. Frua mä sin hua, Kör dem ini stua, *Rietz dialectlex. 729.*" — In Westergötland heisst

es: Thorre ä våter, Dannemann gråter, ebd. — Das Wort bezeichnet
die dürre trockne Kälte, und ist ebenso in Persöulichkeit überge-
gangen wie Gôa und Sprockele.

**Thrimllki**, *Mai*: Maius Thrimilci dicebatur, quod tribus vicibus in
eo per diem pecora mulgebantur, *Beda de tempor. rat. c. 13.* Tri-
milchi, *Stabloer Kal.* — Der Name ist sonst nicht nachzuweisen,[1]
nur aus schwed. (angermanl.) trimjölksgras: caltha palustris, allen-
falls für Schweden abzuleiten. Ueber Hirtengebräuche, die sich an
den Tag, wo die Kühe zuerst auch Mittags gemolken werden,
knüpfen, vgl. A. Kuhn, die Herabholung des Feuers 185—191. —
Ein alter Bauernspruch sagt: När lovskogen lyser till by, Skall
boskapen mjölkas i try. *Rietz dialektlex. 755."*

**Tvîmânaör**, *altn. (Sn. E.)*, tvimánudur, isl., *August*, eigentlich
Doppelmonat.

**Uberherbst**, *September*, *Tegerns. Kal.*

**Vårant**, **Varmanad**, *April*, *schwedisch*.

**Voarvinna**, *f.*, die Ackerzeit im Frühjahr, *April und Mai*, *norweg*.

**Veódmönath**, *August*, mensis zizaniorum quod ea tempestate maxime
abundent, *Beda temp. rat. c. 13.* Veódmönad, *Menolog.* — Veud-
monath, *Beda Elnoer Hs. (Haupt. Z. 5, 295.)* (vedumonath, *Melker
Hs. Diut. 3, 276*, hucumanoth, *Stabloer Kal.)* — ags. veódjan,
alts. wiodan, nd. wieden, weden: jäten. — Gräter Bardenalm. 1802
macht einen Weidemonat daraus. — Vgl. Wiedmaand.

· Verenamonat, September, hat Fischart Pract. — Verena 1. Sept.

Vogel — vgl. Fügheluuun.

**Volborn** *m. schw. und st.*, 1) *Januar:* Paulus wart bekert in dem
volbornen, *Herm. v. Fritsl. (Myst. 1, 73);* an dem dirten tage des
volborns, *Ködiz Ludw. 32.* — verderbt: wolgheboren *Lüneb. Kal.* —
2) *Februar:* die ersten vierzic tage (der vasten) loufen in den bart-
manden und in den volborn, *Myst. 1, 91.*
Der Name scheint Vollbrunn zu bedeuten und mag sich auf den
bekanten Glauben, dass gewisse Quellen zu gewissen Zeiten Fülle
(vol jâr, Passion. 212, 26) aber auch Hunger (hungerjâr ebd. 22)
anzeigten, beziehen.

**Volrât**, *December*, *Kopenh. Kal.*, volrot, *Strassb. Hs. (Mone Anz.
6, 436).*

**Fulmonet**, *September*, *Diefenb. Ngl. 40.* Fulmant, *Elisab. 4696.
6042, Frankf. Kal. (Roth)*, fulmont, *Frankf. Kal. (Anzeiger 1865,
298). Strassburg. Hs. (Mone Anz. 6, 436). Diefenb. Ngl. 41.*
Fulmaende, *Dillenb. Rechn.* foller monde, wollen monde, *Bresl.
Ged.* volle man, Elisab. 4696 (a.). Vollmonat, *Fischart.* — Vol-
maneyd, *November*, *Diefenb. Ngl. 34.*

---

1) Coremanns l'année 21 hat einen dreymelkmaend erzeugt.

Die Fülle, welche in den ersten Monaten nach eingebrachter Ernte in Haus und Hof herrscht, hat diese Namen erzeugt.

**Wannenmond**, *Februar*, Strodtmann osnabr. Wb. 278.

**Wärmemond**, *Juli*, im deutschen *Banat*, *Jahrb. f. roman. Literatur* 5, 368. — bulgar. goresnik Juli, lith. silus August, Miklosich 17. **Wedemaent**, *Juni*, *de Klerk 2, 476. 570*, *Kausler Kr. 9111*, cgm. *126*, *roc. loran. (Hor. belg. 7, 123).* wedemaend, weedmaend, weydmaend, *Kilian*. (Aus weydmaend verstümmelt Meurier vocabulair franc. flameng, 1557, weymaen: Hor. belg. 7, 124). Weidmonat, *Fischart Pract.* (J. Grimm G.d. Spr. 89 führt als nl. Namen für Juli weidemaand, wedemaand auf, über die mir alle sonstigen Zeugnisse fehlen). Der Name wird doch wol Weidemonat bedeuten und von dem ags. veódmónad zu trennen sein. Vgl. Wiedemaand.

**Wedermaend**, *Juni*, *Kilian*. — Wol Gewittermond?

**Weinmonat**, *October*: **wynmanot**, *Einh. v. Kar. c. 29 (4.b)*. wynmonet, ebd. *(8.b)*. weinmonat, *Tegerns. Kal.*, *Dasypod*, *Herr Ackerwerk*, *Alberus*, *Serranus*, *Fischart*, *Schülin Pract.*, *Gräzer Kal. 1579 f. 1773. 1822*, *Christel Zodiac.*, *Wolf Lex.*, *Kalend. d. Mus. u. Graz. 1796*, *Schlegel Taschb. 1806*, *Alsat. Taschb. 1807 f.*, *Alton. Alm. 1856*, *Hinkender Bot*, *Kal. d. Gust. Adolf Vereins*, *Eutin. Kal.* — winmont. *Zürch. Jahrb. 91, 7*. weinmont, cgm. *461*, weinmond, *Deutsch. Mus. Teutsch. Merk. 1781*, *Alm. d. Belletr. 1782*, *Niederrhein. Taschenb. 1801*. wijnmaend, *Kilian*, wijnmaand, nl., weinmonde, *Regiomontan. 1473*, cgm. *75*. wynmoanne, *Epkema 535*. winman, *Einhart v. Kar. c. 29 (B. 8)*, wynman, *Kalend. pract. 1492*, *Balt. Stud. 19, 49*. wynmaen, *Bordesholm. Kal.*, *Schapherd. Kal. 1523*, winmon, *Murner*, weinman, cgm. *4657*, weinmon, cgm. *123. 4685*, *Gredinger*, *Zeninger*, *Nürnb. Kal. v. 1438*, *II. Sachs*, *Grill.* — nsl. vinotok, nserb. vinskiinjasec, bulg. grozdober, Miklosich 21.

Drei Weisenmonat, *Januar*, nach Fischart Pract. — Dreikönigtag: 6. Januar.

**Wendemaent**, *Juni*, *flandr. Kal.* Verschrieben für Weedemaent, oder Sonnenwendemonat? Vgl. Windelmaent.

**Wickemaen**, *September*, *Bordesholm. Kal.*

**Wiedemaand**, *Juni*, als nl. u. a. bei *Fabricius menol. 137* angeführt. Es würde lautlich dem ags. veodmonath entsprechen und Jätmonat bedeuten. Es kann aber auch Entstellung des besser belegten Wedemaend sein.

**Wyndtmonet**, *November*, *Einhart v. Kar. c. 29 (8.b)*. — Windmonat, *Fischart Pract.*, *Gräzer Nationalkal. 1822*, *Eutiner Kal.* Windmond, *Deutsch. Mus. Teutsch. Merk. 1781*, *Alm. d. deutsch. Belletr. 1782*, *Ebert Episteln S. 305*, *Niederrhein. Taschenb. 1801*. wind-

maend, *Kilian.* — (wintumanoth, Einhart v. Kar. c. 29 (3ᵇ· ᶜ· 7.ᵇ B. 1. 2) entstellt aus witum. unter Einfluss von windumemanoth.)
**Windelmaent,** *December, voc. lov. 1483 (Hor. Belg. 7, 125),* windelmaend, *Kilian,* der es für windmaend nimmt und diesen dabei zum December macht. — Windelmaent: Wendemonat, Wintersonnenwende ; vgl. Wendemaent.
**Windumemânoth,** *October, Einhart v. Kar. c. 29* (widumemanoth ebd. 8.ʰ), windummauoth, *ebd. (10. 10.*ʰ*),* windunmanoth, *(10.*ᶜ*) S. Galler Hs. 272. Wiener Hs. 863.* windemmauoth, *blas. gloss.* — Anfänge zur Entstellung: windomanoth, *Stabl. Kal.,* windemanoth, *Einhart l. l. (B. 5.), Herrad., Schletst. gl.,* windemonot, *Kopenh. Kal.* — Entstellungen widumanoth, *Einhart l. l. (B. 3. 3.*ʰ*).* wintermanot, *Münch. Wiener gl.* — Das schwerlich volksthümlich gewordene, aus fremdem Wort gebildete windumemanot ward durch winmanot ersezt, das schon jüngere Handschr. Einharts (4.ᵇ 8.ᵇ B. 8.) dafür setzen.
**Wimmet,** Weinlese, als Zeitangabe: anno d. MCCCLXX do ward es vor dem wimmot als kalt, dass der win an den reben gefror, *Klingenb. Kr. 103.* (Zwei Hs. entstellen die eine winmont, die andere winmonat).
Winnemanoth vgl. wunnimanoth.
**Winter: Der erst winter,** *November, cgm. 93. 398. 700. 4685, Gräzer Kal., Huber.* Vgl. S. Martinstag im winter, *Weist. 1, 838. 2, 158. 4, 376.* Sente Martins dach in dem winter, *Lacombl. III, n. 322. 485. 657. 841. (1338. 1358. 1364. 1379).* Sand Elspeten tag in dem winter, *Altenburg. Urk. n. 121 (1313. Oesterreich).* **Der ander winter,** *December, cgm. 93. 398. 700. 4685, Gräzer Kal., Huber.* Manot des **hindrosten winters,** *Januar, Geschichtfr. 6, 244 (1459).*
**Winterfyllith,** *October:* vinterfyllith potest dici composito novo nomine hiemiplenium, *Beda temp. rat. c. 13.* — Menolog 184: October — vinterfylled, ſvé hine vide cigað Ígbûende Engle and Seaxe, Veras mid vifum. Vgl. meine Schrift über die deutsche Jahrtheilung, Kiel 1862, S. 4.
**Wyntermant,** *October, Diefenb. gl. 5.*ᵇ (zugleich Nov. und Dec.).
**Wintermânoth,** 1) *November, gl. blas.* wintermanot, *Münch. Herrad. gl.* (in diesen drei Glossaren zugleich für Januar). wintermanat, *Klingenb. Kr. 343, cgm. 397.* wintermonot, *Kopenh. Kal.* (zugleich für December). wintermonet, *cgm. 827, Dankrotsh., Grossätti.* wintermonat, *Tegerns. Kal., Dasypod, Rösslin, Herr Ackerwerk, Oberbair. Arch. 25, 284, Schülin, Alberus, Serranus, Frischlin, Fischart, Gräzer Kal. 1579—86, Christel Zodiacus, Wolf Lexic., Steinbach, Götting. Musenalm. 1774—1804, Kal. d. Mus. u. Graz. 1796, Gräter Bardenalm. 1802, Schlegel Taschenb. 1806, Alsat. Taschenb. 1807, Altonaer Alm., Hinkender Bot.* Vinternånad,

schwed. wyntermant, *Frankf. Kal. (Roth), Diefenb. gl. 5.*[b] (ebenso
Nov. Dec.). wintermont, *Strassburg. Hs. (Mone Anz. 6, 436).*
wintermande, *Herm. v. Fritsl. (Myst. 1, 230).* wintermonde, *cgm.
75. Bresl. Ged.:* der wyntermonde er och heysst. Von den rolczen
aller meyst. In diesem monden hebt sich an Der liebe winter unde
kan Kule seyn ap her mag, An finte Clementen tag. — winterman.
*cgm. 480, Weist. 3, 352, Lüneb. Kal. 1480, Kalenderpract. 1492.*
wintermon, *cgm. 123. 430. 867. 4657, Pgmkal.* $\frac{XV}{I}$, *Ehing. Spitalb.,
Nürnb. Kal. 1438, Gredinger, Zeninger, Murner, Grill, H. Sachs.*
Der erst wintermaneid, *November, cgm. 3384.* der erste wintermonet,
*Geschichtfr. 6, 176.* der erst wintermonad, *Giess. Hs. 978.* der
erste winterman, *cgm. 848, Diefenb. gl. 4.* der erste wintermon.
*cgm. 430, Gmunds Kal.*

2) **Wintermânad**, *December, cgm. 349.* wintermonot, *Kopenh. Kal.*
(wie Nov.). wintermonat, *Strassb. Kal. 1513, Seligenstatt. Jahrzeitb., Gräzer Nationalkal. 1822.* wyntermant, *Diefenb. gl. 5.*[b]
(zugleich Oct. und Nov.). wintermaent, *cgm. 126*, von Kilian als
fax. ficamb. angeführt. wintersmaynt, *Teutonista.* wintermaand,
*nl.,* wintermond, *Deutsch. Mus. Teutsch. Merk. 1781, Ebert Episteln S. 305, Niederrhein. Taschenb. 1801.* Wyntermaende, *Dillenburg. Rechn.* Wintermoanne, *Epkema 538.* wintterman, *cgm. 771.*
wintermon, *Pgmkal. 1431, H. Sachs.*

Der ander wintermaneid, *cgm. 3384.* der andere winterman, *cgm.
848, Diefenb. gl. 4.* der andere wintermon, *cgm. 430, Gmunds Kal.*
der leczt wintermon, *Ehing. Spitalb.*

3) **Wintarmânoth**, *Januar, Einhart v. Kar. c. 29, Stabloer Kal.*
wintharmanoth, *Einh. l. l. (B. 3. 3.*[3]*)*, wintarmanod, *(ebd. (!.*[3]*).*
wintarmanoht, *S. Gall. Hs. 272.* wintermanoth, *Einh. l. l. (10.*[b]
*B. 3.*[b] *4. 5.), Wiener Hs. 863, Blas. Gl.* wintirmanoth, *Schletst.
gl.* windermanoth, *Einh. l. l. (10. 10.*[c]*).* wintermanot, *Herrad.
Münch. gl.* (zugleich für Nov.). windermanot, *Einhart l. l. (4.*[b]*).*
wintermanet, *Wien. gl.* winthermonet, *Einh. l. l. (8.*[b]*).* Wintermonat, *Kal. d. Gust. Ad. Verein (1861), Eutiner Kal.* Wintermond,
*Alm. d. Belletr. 1782.* Winterman, *Einhart l. l. (B. 8).* wintermuun, *nordfries. (Sylt).*

**Witumânoth**, *September, Einhart v. Kar. c. 29, S. Gall. Hs. 272.*
Widumanoth, *Einh. l. l. (7. C.*[a]*).* witomanoth, *Wien. Hs. 863.*
witamanoth, *Stabloer Kal.,* witim., *Einhart l. l. (B. 3.*[b]*)* withimanoth, *ebd. (B. 3.*[d]*).* witem., *Einh. l. l. (B.*[5]*), Schletst. gl.*
witmanoth, *Einhart l. l. (5).* Entstellt: wintumanoth, *Einh. l. l.
(3.*[b. c.] *7.*[b] *B. 1. 2.). — Einh. l. l. 4.*[b] *B.*[a] lassen den Monatnamen
aus, 8.[b] sezt herbstmonet, wie die blas. münch. wien. Glossengruppe

herbistmanot. — Vom September heisst es im Wald- Forst- und Jagdlexicon S. 11: im Walde soll itzo dasjenige Holz, das man im Hause zur Nothdurft oder zum brauen wie auch Ziegel - Kalck- und Backofen künftig gebrauchen will, gefället werden, das Bauholz aber bleibet weiter hinausgesetzet.

**Wiwermônd, Ollewiwermônd,** *Februar,* in der Grafschaft Mark: *Woeste* in der Zeitschr. f. deutsche Mythol. 1, 388. *Kuhn westfäl. Sagen 2, 91.* Wenn es im Februar schneit, heisst es dort: de ållen wywer fchüt de fchüärten ût. Die Weiber sind im Februar Wetter- regentinnen. Ebd. — Auf der Eifel heisst der Donnerstag und der Montag vor Fastnacht Weiberdonnerstag, Weibermontag: Schmitz Sitten und Sagen 13. 14. — Man vgl. auch Göi und erinnere sich, wie zu Fastnacht die ledig gebliebenen Mädchen auf Pflug oder Schiff umgeführt werden, Grimm Myth. 1, 212 f. — In dem Breslauer Monatgedicht heisst es: Dy leyen heiszen in den hornung, Her tut dy meyde in den tunk; Das faltu vornemen also: Dy lewte seynd denne vro, Vnd fy wil den hochczeit habin, Dorczu vrolich an dem reyin drabin.

Wodansmaand, April, von Coremanns l'année 19 erfunden.

**Wolfmanet,** 1) *November, kärnt. Voc.* (Lexer 259), wolfmaned, *Diefenb. gl. 1.* wolffmonet, *Diefenb. Ngl. 30.* wolfmonat, *Ingolst. Voc. v. 1445, Keller Kayserb. 131.* wolfmon, *Mone Anz. 8, 249.*

2) **Wolfmonet,** *December, Pflaum Kal. (Scherz 2055).* wolfmonat, *Maaler, Herr Ackerwerk, Fischart Pract., Schmeller 4, 68.* wolffsmonat, *Dasypod, Scherz 2055.* wolfsmacnd, *Kilian.* wolfman, *Pymk. $\frac{XV}{I}$, Nürnb. Kal. 1438, Zürch. Kal. 1527, Murner.* wolfs- mon, *Gredinger, Grill.* — cech. vlcnec, ostserb. vjelči mĕsac, lett. vilken menesis, Miklosich 11.

3) **Wolfmonat,** *Januar, Stieler.* wolfmonde, *Bresl. Ged.* wo es heisst: Wolfmondin heyssin yn die leyen, Dy wolfe treten denne eren reyen. — H. Sachs I, CCCCXXII n. lässt den Jenner sagen: Ich mach den wolff zu eynem jeger Der in dem fchnee hat sein geleger, Die hirschen felt er auff den weyern, Er heult grausam und thut nit feyern, Wo er kein viech ergreiffen kan, Reist er dernider weib und man. — Die Wölfin läuft des Jahrs einmal und zwar in dem här- testen Winter, Wald- Forst- u. Jagdlexicon S. 488. Im Januarius mag man denn wol zu Anfang die Wolfsjagden anstellen, weil die Wölfe um diese Zeit herumstreichen gehn, ebd. 1.

Wolfgangmonat, October, nach Fischart Pract. — Wolfgang 31. Oct.

**Wunnimânoth,** *Mai, Einhart v. Kar. c. 29, Schletst. gl.* wunni- manoht, *S. Galler Hs. 272, Wiener 863.* wunnemanoth, *Einh. l. l. (10.$^c$ B. 3.$^b$ 4).* wunnemonet, *ebd. (8.$^b$).* wunneman, *ebd. (B. 8).*

wonnemaend, als fax. fic. von *Kilian* angeführt. — wonnemonat,[1] *Fischart Pract.*, *Gräter Bardenalm. 1802*, *Leipz. Alm. 1810*, *Grätzer Nationalkal. 1822*, *Gust. Adolf Kal.*, *Hinkender Bot.* wonnemond, *Deutsch. Mus. Teutsch. Merk. 1781*, *Alm. d. Belletr. 1782*, *Niederrhein. Taschenb. 1801.* — Coremans l'année 21 hat einen woenstmaand erzeugt.
**Winnemânod**, *Mai*, *Einhart c. 29 (C.*[2]*).* winemanoth, *ebd. (3.*[b] *B. 5) gl. Blas.* (Der Paris. Cod. Einh. liest iuuinnemanoth). Winnimanoth heisst Weidemonat (got. vinja, *νομή*, ahd. uuinne, pastum, Gl. Rd. (Germania 11, 50); winjan winnen, depascere). Es wird die ältere Namensform des Monats sein. Wunni ist verwant, die sinnliche Bedeutung Weide ist aber nur aus der Formel wunne und weide zu schliessen, in der bei Dichtern der 12. 13. Jahrh. (Fundgr. II. 155, 27. Trist. 16759) beide Worte schon in übertragenem Sinne gebraucht werden, obwol die sinnliche Bedeutung Weide für wunne noch zu erkennen ist.

**Ŷllr**, *m.*, *November*, *isl.* (Jon Sigurds. Alm.). Nach den heulenden Stürmen des November und December benant.

**Zegenmanot**, *December*, cimbr. Wb. 145. — Der zehend monat, *Diefenb. gl. 167.*

---

1) Der Name lebte erst durch die Bekanntschaft mit Einhart wieder auf. Aventin in seiner Chronica (Frankf. 1566) CCCXXXVII sagt bei Anführung der Karlschen Monatnamen: den Meyen hat er den Wunnemonat genennet.

# Verzeichniss der Abkürzungen.

**Aasen** Ordbog over det norske Folkesprog. Kristiania 1850.
**Alberus** Erasm. Alberus dictionarium. Francof. 1540.
**Alm. d. deutsch. Belletr.** (Schulz) Almanach der deutschen Belletristen und Belletristinnen. Ulictea 1782.
**Anzeig.** Anzeiger für Kunde der deutschen Vorzeit. Nürnb. 1853. ff.
**Bauernpract.** Bauernpractica, Jahrmarktsdruck.
**Bordesh. Kal.** Kalender einer ehemals Bordesholmer Handschrift (XVI. Jahrh.), gedruckt im Anzeiger 1854. Sp. 6 ff.
**Bresl. Ged.** Gedicht von den Monaten, XV. Jahrh., in der Hs. IV. Q. 38 der K. Univ. Biblioth. zu Breslau.
**Brotbeyhel Pract.** Practica Mag. Matth. Brotbeyhel up dat jar MDXXXVI. Gedruckt zu Cöln durch Heronem Voiss jn der Schmorstruiss.
**cgm.** Codex germanicus monacensis.
**Christel Zodlacus** Zodiacus lactofatalis, lustiges Sterbjahr mit sinn- und geistreichen Grabschriften, ausgezeichn. von Barth. Christelio. Prag 1690.
**Cimb. Wb.** Schmellers sogen. cimbrisches Wörterbuch, d. i. deutsches Idiotikon der VII. und XIII. comuni, hergb. von Bergmann. Wien 1855.

**Dankrotsh.** Conr. v. Dankrotsheim Namenbüchlein, bei Strobel Beiträge zur deutschen Literatur S. 109. Paris 1827.
**Dasypod.** Petr. Dasypodius dictionarium. Argentor. 1537.
**Diefenb. gl.** Glossarium latinogermanicum. ed. Lor. Diefenbach. Francof. 1857.
**Diefenb. Ngl.** Novum glossarium latinogermanicum. Francf. 1867.
**Dillenb. R.** Dillenburger Kellereirechnung v. 1455, in Arnoldi Miscellaneen. Marb. 1798. S. 6 f.
**Ehing. Spitalb.** Kalender in einem Spitalb. von Ehingen, im germ. Museum in Nürnberg. XV. Jahrh.
**Einh.** Einhardi vita Karoli M. -- Die Handschriftenbezeichnung nach Pertz.
**Epkema** Woordenbock op de Gedichten en verdere Werken van G. Japicx door Epkema. Leuwarden 1824.
**Fabricius Menolog.** J. A. Fabricii Menologium s. libellus de mensibus. Hamb. 1712.
**Fastn. sp.** Fastnachtsspiele aus dem 15. Jahrhundert. Stuttg. 1853. 3 Bde.
**Fischart** Fischarts aller Practick Grossmutter.
**Flandr. Kal.** Kalender des 16. Jahrhunderts aus dem französischen Flandern, in der Zeitschr. f. deutsche Mythologie 3, 137

**Frankf. Kal.** Frankfurter Kalender a) nach Roths Mittheilung gedruckt im Mhd. Wb. 2, 55; mir von Weigand mitgetheilt. b) im Anzeiger 1865 n. 7. 8.

**Gemund, Gmund** Immerwährender Kalender des Johann von Gmund vom J. 1439 (nach einer neuen Abschrift im germ. Mus.)

**Geschichtfr.** Der Geschichtfreund. Mittheilungen des histor. Vereins der fünf Orte. Einsiedeln 1844 ff. 22 Bde.

**gl. blas.** S. Blasier Glossen, bei Gerbert iter alemannicum S. 77.

**gl. s. gall.** Monatglossen im S. Galler Cod. 272, in Jaffés Ausgabe von Einhards vita Karoli c. 29.

**gl. herrad.** Glossen in Engelhards Herrad von Landsperg S. 179.

**gl. vindob.** Wiener Glossen in Hoffmann ahd. Glossen 57.

**Gräzer Kal.** Kalender in einer Gräzer Hs. (⊹⊹ fol.) der Univ. Biblioth. XV. Jh. Gräzerischer Kalender 1579-1586 (gedruckt).

**Gredinger** Joh. Gredingers Kalender von 1428, Pgmhs. im K. Archiv zu Nürnberg.

**Grill** Lasstafel und Practica des Doctor Grillen (Neuer Leipziger Abdruck).

**Grossättl** Der Grossätti aus dem Leberberg, von Schild. Biel 1864.

**Gundacher** Christi hort von Gundacher von Judenburg. (Handschr.)

**Hamb. Frgm. v. 1542.** Fragment eines hamburg. Kalenders v. 1542.

**Herm. v. Fritsl.** Hermann von Fritslar in Frz. Pfeiffers Mystiker I.

**Herr Ackerwerk** Das Ackerwerk L. Columellä und Palladii, verteutschet durch Mich. Herren. Straszburg 1538.

**Huber** Kalender des Schulmeister Huber von Eggenfelden, 1477, bei Schmeller bair. Wörterb. 1, 39 (2. Aufl. S. 54).

**Hymnenkal.** Kalender vor einer niederrhein. Uebersetzung von Psalmen, Hymnen und Kirchengebeten, her. von Janota, Krakau 1855. Stimmt zu dem Kal. in Hennebergs Archiv 1, 76

**Jon Sigurdss.** Almanak um ár 1869, reiknad af Schjellerup, en islenzkad og lagad eptir islenzku timatali uf Jóni Sigurðssyni. Kaupmannab.

**Kal. v. 1486** Niederrhein. Kalender von 1486, in Bachmann über Archive 1801. S. 139—150.

**Kalenderfragm. 1542.** Fragment eines niederdeutsch. Kalender von 1512. Hamburger Stadtbiblioth.

**Kalenderpract.** Kalenderpractica auf 1492, Serapeum 1860, 257.

**Kilian** Etymologicum teutonicae linguae studio et opera Corn. Kiliani Dufflaei. Antverp. 1599.

**Klingenb. Kr.** Die Klingenberger Kronik, her. von Henne v. Sargans. Gotha 1861.

**Ködiz** Leben des h. Ludwig von Thüringen, übers. von Ködiz von Salfeld, her. v. H. Rückert. Leipz 1851.

**Kopenh. Kal.** Kalender einer Kopenhagener Hs. XIV. Jahrh., bei Haupt Zeitschr. G. 350 ff.

**Kron. d. St.** Chroniken der deutschen Städte vom 14. bis in das 16. Jahrh. Leipzig 1862 ff.

**Lacombl. Urk.** Urkundenbuch zur Geschichte des Niederrheins, her-

v. Lacomblet. Düsseldorf 1844 ff. (Bd. 3. 1857).

**Limb. Kr.** Die Limburger Kronik des Johannes, her. von Rossel. Wiesbad. 1860.

**Lübeck. Kal.** 1494 Bruchstücke eines Lübecker Wandkalender von ca. 1494. Serapeum 1859. S. 344.

**Lübeck. Pract.** 1519 Bruchst. einer Lübecker Practik v. 1519, Serapeum 1860. S. 260.

**Lüneb. Kal.** Niedersächs. Kal. von 1480 zu Lüneburg, in der Zeitschr. f. deutsche Mythol. 2, 293.

**Mart.** die h. Martina des Hugo v. Langenstein. Stuttg. 1856.

**Menolog.** Menologium, angelsächs. Monatgedicht, bei Grein Angels. Bibliothek II.

**MB.** Monumenta boica. Monac.

**Miklosich** Die slavischen Monatnamen von Fr. von Miklosich. Wien 1867. (Denkschriften XVII.)

**Mone Anz.** Anzeiger f. Kunde teutscher Vorzeit, herausg. von Mone. Stuttg.

**Mone Z.** Zeitschrift für Geschichte des Oberrheins. Karlsruhe.

**Münch. Gl.** Münchener Glossen aus Heinrichs Summar, bei Graff Dint. 3, 236.

**Murner** der luther. evangel. Kirchendieb und Ketzer Kalender. 1527.

**Neocor.** Joh. Adolphis gen. Neocorus Chronik des Landes Dithmarschen. Her. von Dahlmann. Kiel 1827.

**Parz.** Wolfram v. Eschenbachs Parzival, nach Lachmanns Ausgabe.

**Pass. K.** Das Passional, her. von Köpke. Quedlinb. 1852.

**Pgmkal.$\frac{XV}{1}$.** Kalender einer Pergam. hs. aus 1. Hälfte des 15. Jahrh.

**Pgmkal.** 1431. Kalender einer Pergam.hs. von 1431. Beide im K. Archiv zu Nürnberg.

**Pgmkal.** 1438. Kalender einer Pergam.hs. von 1438, im germ. Museum.

**Regiomontan** M. Joh. v. Küngsperg Kalender. Nürnberg 1473.

**Rietz** Rietz Svenskt dialektlexikon. Stockh. 1866.

**Rösslin Kal.** Kalender von Euch. Rösslin. Frankf. 1537.

**Schambach Wb.** Wörterbuch der niederdeutschen Mundart der Fürstenthümer Göttingen und Grubenhagen. Hannover 1858.

**Schapherd. Kal.** Der Schapherders Kalender, Rosztok 1523.

**Schlesw. Kal.** Nic. Heldvader Almanach u. Practica. 1609. Schleswick.

**Schletst. Gl.** Monatnamen des Schlettstätter Glossars, Haupt Z. 5, 327.

**Schradin** Schradins Schwabenkrieg, im Geschichtfreund B. 4.

**Schülin Pract.** Teutsche Practick für 1558 durch J. Schülin.

**Schuermans** Algemeen vlaamsch Idiotikon, door Schuermans. Leuven 1866 f.

**Seligenstatter Jahrzeitb.** Monatnamen in dem Anhang zum Seligenstädter Klosterzinsbuch von 1508, betitelt: die Jahrezeit und Selgerede der fabrica und pfarrkirchen zu Salgenstatt 1516. Mir von Weigand mitgetheilt.

**Serranus** Dictionarium latinogermanicum. Norimb. 1539.

**Sn. E.** die Monatnamen der Snorra Edda, Arn. Magn. Ausg. S. 510. 512. **Rask** S. 188.

**Stabl. Kal.** Kalender einer Stablocr Hs. zu Brüssel, X. Jahrh., bei Haupt Zeitschr. 5, 204.

**Strassb. Kal.** Kalender einer Strassburg. Hs. XV. Jh. in Mone Anz. 6. 436.

**Strassb. Kal. 1513.** Kalender, Strassburg Hupfuff. 1513.

**Tegerns. Fischb.** Tegernseer Fischbüchlein, Haupt Z. 14, 163.

**Tegerns. Kal.** Tegernseer Kalender, XVI. Jh., Pfeiffer Germ. 9, 192.

**Teuthonista** of Duytschlender van Gherard v. d. Schueren S. 165 Leiden 1804.

**Tucher** Kalender in E. Tuchers Baumeisterbuch. Stuttg. 1862.

**Vlaamsch Idiot.** vgl. Schuermans.

**Voc. lov.** Vocabularius copiosus, Druck von Joh. de Westfalia zu Loewen, 1483. Aus Hoffmann v. F. Glossarium belgicum (Horae belgicae VII.)

**Voc. opt.** Vocabularius optimus, her. von W. Wackernagel. Basel 1847.

**Wald- Forst- und Jägerlexicon.** Altstadt Prag 1764.

**Weist.** Weistümer, gesammelt von J. Grimm. I — V. Götting. 1840 ff.

**Wichm. Fragm.** Rostocker Kalenderfragment von 1527, bei Wichmann Mecklenburgs altniederd. Litteratur 1, 110.

**Wiener Gl.** Wiener Glossen bei Graff Diutiska 3, 236.

**Wolkenst.** Gedichte Oswalds v. Wolkenstein, her. von B. Weber. Insbruck 1847.

**Wolmar Pract.** Practica up dat Jair MCXXXII. gemacht durch Meister Johan Wolmar. Gedruckt zu Cöln bey S. Lupus.

**Zeninger** Vocabularius theutonicus. Nurenbergae per Cunr. Zeninger. 1482.

**Zürch. Jahrb.** Die beiden ältesten Jahrzeitbücher der Stadt Zürich, her. von Ettmüller. Zürich 1844.